I0696657

Ne t'inquiète pas, tout va bien.

Paul NOSTE

Ne t'inquiète pas,

tout va bien.

Être surdoué n'est pas une tare
Alternative de la pensée

Essai

Table des matières

A ma fille

Il y a des individus sans cœur, sans âme, d'autres sans foi ni loi, des écervelés, mais la mémoire quant à elle, habite chacun d'entre nous, elle est la raison de ce que nous sommes, notre identité, elle nous positionne dans l'espace comme dans nos relations avec les autres.
Son absence nous plonge dans une solitude dont on ne revient pas, un abîme sans fond, une désocialisation definitive, une réduction à notre plus simple fonction ; un être dénudé d'existence.
Je ne sais ce que je deviendrai, ce que le futur me réserve, cinquante années viennent de s'écouler et globalement, la boucle est en train de se boucler.
C'est le moment pour se poser et commencer à faire le point, se rafraîchir la mémoire avant que peut-être elle ne m'échappe ou ne commence à me jouer des tours et enjoliver l'ordinaire ; faire de la vérité sa propre vérité.
Et puis, il y a des choses que tu dois savoir, des choses qui ne s'inventent pas, qui prennent du temps à murir.
Pour me comprendre, il m'a fallu passer par des étapes qui m'ont fait perdre ce temps qui nous est si précieux. Je suis passé ainsi à côté de grandes choses pendant que je m'évertuais à stabiliser ma pensée, à l'identifier.
Je ne regrette rien, mais si j'avais su, j'aurais certainement fait différemment

Parfois, l'envie de sombrer dans la folie ne tient qu'à un claquement de doigt, je sens que tout pourrait basculer par ma simple volonté, rien qu'en fermant les yeux, ne pas tourner le volant dans le prochain virage après la ligne droite. La mort juste une fois, rien qu'une fraction de seconde, ou bien la souffrance d'une vie ?

Se laisser aller, est parfois tentant.

Tout arrêter, se libérer du poids des choses, mettre un terme à la machine infernale.

Aussi séduisante soit la facilité, lui céder reviendrait cependant à capituler, courber l'échine et baisser le regard… Impossible, ce serait aller contre ma nature.

On voudrait pouvoir tout contrôler, vingt-quatre heures sur vingt-quatre, mais tant de choses nous échappent, palpables comme impalpables. Chercher à les retenir est une course folle, perdue d'avance dans l'ignorance de ce qui, au même instant, vient de s'évaporer.

S'il faut attendre l'éternité pour trouver la sérénité, alors je saurai patienter au profit de la jouissance de tous les jours.

Je ne veux pas céder à la morosité, faire de ma vie une complainte et me lamenter sur ma condition, mes déboires.

Et puis au final, qu'y gagnerai-je ?

Aussi longue puisse être la vie, rien ne l'empêche de défiler à une vitesse phénoménale et en perdre une minute au détriment du bonheur serait un blasphème.

Mais le monde est fou et il n'y a rien que je puisse faire, je suis prisonnier de l'absurdité, du non-sens.

Je vois les gens s'acharner à être médiocre, se complaire dans l'hypocrisie et le narcissisme. Mon désarroi est tel qu'il m'est même difficile de trouver les mots justes pour définir les abymes de mon angoisse, je suis désemparé et si seul dans ma pensée.

Ma place n'est pas ici, je ne me sens pas de ce monde et encore moins de ces gens qui le torturent.

Mon constat est celui de l'impuissance, de mon incapacité à imaginer un futur où je puisse vivre en paix, être serein.

Je suis inquiet pour ma fille, plus encore, j'ai peur pour son devenir. Qu'aurai-je à lui offrir ?

J'ai le sentiment d'être le témoin de la déchéance humaine, je n'ai personne vraiment à qui parler, ni personne pour me comprendre, je n'ai pas d'amis au sens commun du terme et n'en recherche pas d'ailleurs. J'observe, j'analyse et ne cesse de tirer des conclusions qui me désolent, me déçoivent. Dans le passé, cela me consumait dans une lente agonie, aujourd'hui, avec le temps, j'ai appris à faire des choix, à trier l'essentiel, à mettre entre parenthèses et je me suis galvanisé en quelque sorte contre cet affect.

Je ne suis pas comme tout le monde, je n'ai jamais été comme tout le monde, mon parcours à été long, laborieux, tortueux, il aurait pu se rompre à de multiples occasions, mais renoncer ne me ressemble pas.

Mon cerveau, sans discontinuité, m'assaille de questions à un tel rythme que je n'ai pas le temps de réfléchir aux éventuelles réponses, tout se brouille, se mélange dans une cacophonie assourdissante ; un trou béant surgit, je déconnecte, mon regard se perd, je ne suis plus là. C'est à la fois perturbant, épuisant, déprimant, mais en y regardant bien et avec du recul, c'est aussi une sensation grisante, puissante. Lorsque j'ai pris conscience de cette facette, une évidence s'est imposée : si je pouvais contrôler, maîtriser, canaliser ce flux de données, je pourrais alors développer des capacités hors du commun, insoupçonnées. Y-a-t-il une limite au potentiel du cerveau?

Dès lors, mon unique but a été de travailler, contraindre mon esprit à l'effort. Enfant, cela me plaisait, c'était mon secret, j'étais persuadé que j'allais devenir un super-héros doté de super-pouvoirs !

Si j'ai perdu à ce jour cette sensation, je ressentais parfois chez l'autre le fond de sa pensée. Je n'avais par exemple pas besoin de communiquer avec certaines personnes pour comprendre leurs intentions, c'était comme un sixième sens.

Bon, avec quarante années de recul, pour le super-héros, je dois admettre que c'est raté ! mais le résultat de mon éternelle persévérance, me satisfait au plus au point et pour rien au monde je voudrais être « différent » ou plutôt devrais-je dire normal !

Être normal, anormal, cela est si subjectif.

Il faut toujours que les gens collent des étiquettes sur tout ce qui bouge, une espèce de besoin insatiable de reconnaître, se rassurer avec la conviction profonde de tout comprendre.

Mais où commence la normalité et où se termine-t-elle ?

On ne peut tout expliquer, tout rationaliser, et si nous le faisons, ce n'est qu'à notre échelle d'humain, selon nos points de vue et connaissances du moment. Le concret doit sa raison à l'abstrait et vice versa, il faut admettre les deux faces du miroir. Ce que l'on ne soupçonne pas recèle souvent des trésors cachés.

Être anormal ne dénote guère d'idée flatteuse, positive.

La normalité ayant trouvé sa nature dans la masse, le nombre, je ne peux que me féliciter d'être anormal. Me savoir différent des autres me rassure aujourd'hui et me permet d'exister sous ma réelle identité et sans en avoir honte. Anormal ! j'assume, même si le terme hors normes me semble plus approprié.

J'ai toujours navigué en solitaire, j'ai depuis toujours focalisé toute mon énergie à canaliser mes émotions, j'ai appliqué mes capacités d'analyses à ma propre personne, pour finalement m'édifier une ligne de conduite, une marche à suivre, un cap à tenir, une religion oserai-je dire.

Selon les points de vue de chacun, une simple question peut bien trouver une multitude de réponses ! Pourquoi devrais-je alors ne me contenter que d'une seule option ? J'ai donc éduqué mon mental à accepter cette multitude, ce foisonnement de possibilités pour affûter mon objectivité, ma flexibilité, élargir ainsi mon champ de vision et par conséquent mes points de vue, m'autoriser plus d'un choix donc moins de contraintes et développer une conscience, une philosophie propre à mes besoins, à ma vie, un costume sur mesure en quelque sorte.

Depuis peu, au gré d'une rencontre peut-être pas si hasardeuse qu'elle n'y paraît, la conversation a naturellement dévié sur le haut potentiel intellectuel décelé chez les deux enfants de mon interlocuteur, lui-même et son conjoint concernés par cette singularité.

Au fur et à mesure de son propos, il ne faisait que décrire de plus en plus précisément ma propre personnalité, avec il faut bien le reconnaître, une forte dose de caractéristiques communes difficiles à gérer. J'ai eu le sentiment qu'il lisait en moi et perçait mon secret.

Un peu troublé tout de même, je n'ai cependant pas eu de surprise, je sais depuis toujours que mes capacités sont au-dessus de la moyenne, je n'ai jamais été comme tout le monde et le monde s'est bien chargé de me le faire remarquer, positivement comme négativement.

Être surdoué peut paraître pompeux, flatteur, prétentieux, mais pour ceux qui subissent le phénomène, c'est un fardeau, une charge quotidienne épuisante qui n'a pas de sens, sans grande nécessité la plupart du temps, souvent pénalisante, mais qui peut s'avérer d'une puissance redoutable si elle est comprise, assimilée, canalisée et exploitée.

Si nous possédons chacun notre propre personnalité, notre caractère, nos goûts et dégoûts, notre perception de ceux et ce qui nous entourent est souvent la même, nos incompréhensions se rejoignent, notre solitude et notre détresse également.

J'ai longtemps pensé que j'étais seul, isolé, catalogué, étiqueté, comme souffrant d'une « maladie », d'une sorte de dépression originale par les gens de la norme.

Je me suis souvent demandé si je n'étais pas le sujet d'une forme d'autisme. J'avais entendu un médecin psychiatre dire que nous naissions tous plus ou moins autiste et quittions petit à petit cet état au cours de notre développement ; j'avais enfin trouvé une réponse qui me convenait, j'étais un peu rassuré.

Aujourd'hui, mes différences portent un nom, on classe les gens de mon espèce dans la catégorie des surdoués.

Je n'ai rien demandé à qui que ce soit, ni de posséder ces facultés, ni d'être catégorisé, mais pour une fois, l'étiquetage a le mérite de mettre à jour une faible partie de la société qui, loin d'être affectée par une pathologie quelconque, tente simplement de se faire une place parmi les autres et poursuivre sa route.

Pour ma part, j'ai appris à me connaître, je sais profondément qui je suis et suis en accord avec moi-même. De connaître aujourd'hui le pourquoi, de mettre une étiquette sur chacun de mes traits de caractère ne m'intéresse pas, et pourrait même devenir préjudiciable. Là où j'ai lutté, trouvé des solutions dans une introspection impartiale pour trouver un équilibre, s'offrent soudain une multitude de raisons, d'excuses qui pourraient justifier le renoncement. Effectivement, les caractéristiques des surdoués sont si établies que mon cerveau semble avoir été fabriqué selon un cahier des charges précis, sortir d'une usine ou provenir d'une population extra-terrestre, que sais-je... J'ai donc cessé de me documenter sur le sujet, je ne suis plus en recherche d'identité et ne souhaite pas la perdre.

Certes, il y a des tonnes de questions qui se posent et l'absence de réponse fait parfois souffrir, mais il faut admettre que certaines d'entre elles n'ont de raison d'exister que par leur simple édiction et ne nécessitent pas de réponse.

Ma route à moi, il a fallu lutter pour me la tailler, la prolonger petit à petit, morceau par morceau, tentant de disperser un brouillard toujours plus dense, d'assembler à l'aveugle les pièces d'un puzzle éclaté, pour au fil des ans, la comprendre et justifier son existence ; mon existence.

Finalement, à quoi bon avoir un potentiel intellectuel, des facilités dans beaucoup de domaines, autant de différences, pour ne se résumer qu'au minimum, au commun, à l'ordinaire, à cette facilité dont trop de gens abusent et qui m'exaspère et ne pas se donner la chance de s'épanouir dans un univers parallèle, son propre univers ?

Des décennies à apprendre, d'auto-analyse, de recherches permanentes, pour à ce jour être en pleine conscience de moi et de mon potentiel et mettre à profit cette expérience unique au service de la recherche d'un équilibre, d'une harmonie, lien indéfectible entre cette société qui m'est étrangère et ma perception que j'en ai.

Certains baissent les bras, n'ont pas la force de lutter, ne savent pas où trouver les réponses, de l'aide, une oreille attentive et s'isolent dans une anormalité, une distorsion relationnelle parfois fatale, létale.

J'ai décidé d'écrire, j'écris comme un exutoire, j'écris aussi pour aider peut-être celui qui s'est égaré, lui éviter peut-être le pire, lui dire qu'il n'est pas tout seul.

Mais avant tout, j'écris pour ma fille qui, j'en ai le sentiment, se posera peut-être bientôt les questions qui étaient les miennes à son âge.

Être différent n'est pas une tare, dans mon cas c'est une chance, mais il faut avoir la force de combattre pour mettre à profit ce beau potentiel, car sa maîtrise ouvre des horizons d'épanouissement infinis, et uniques.

Un jour de mon adolescence, la porte du garage s'est ouverte, j'étais en train de jouer de la musique dans le studio que mon père m'avait aménagé.

La lumière qui transperçait alors la pièce s'obscurcit soudain par l'arrivée de trois hommes en bleu foncé... et rouge. Des pompiers. L'un d'entre eux tenait une camisole de force. Ils étaient là pour moi.

Le médecin généraliste de la famille avait organisé avec mes parents mon internement en psychiatrie si je venais à poser une nouvelle fois des difficultés, faire la crise de nerf de trop.

Quel choc! Ce sont des images que l'on ne peut oublier, des images qui s'associent à un sentiment de trahison et d'injustice.

Je sais combien mes parents étaient impuissants devant mon comportement, mais je ne demandais qu'à être compris, aidé, soutenu, quand mes différences et mon incapacité à définir mon mal-être venaient définitivement de me cataloguer comme un problème, me condamner à une maladie mentale et je suis resté quinze jours dans un service psychiatrique, entouré d'enfants de mon âge, des trisomiques pour la plupart, qui hurlaient à tout va, d'autres qui avaient la bouche et la langue pendante par la prise de médicaments qui les rendaient amorphes. Quel choc ?

Tous les jours, je voyais des médecins psychiatres qui me posaient des tonnes de questions... débiles... absurdes...

Visiblement trop infusées de la pensée freudienne, toutes leurs questions se rapportaient à mon sexe ! Quel choc!

Ils avaient certes bien appris leurs leçons, mais n'étaient visiblement pas capables de discernement et appliquaient à la lettre un protocole dénué de flexibilité, d'écoute résultant d'un formatage basiquement scolaire.

Mais qui sont les malades mentaux ?

S'ils savaient à quel point ils étaient à des années-lumière du sujet !

Durant ces deux semaines, leur plan d'action n'a jamais dévié d'un iota. A aucun moment je n'ai perçu en eux une volonté quelconque de comprendre ce qui pouvait me tourmenter.

J'ai rapidement compris leurs limites et me suis fait une raison quant à ma possible opportunité de trouver de l'aide.

J'ai joué de leur jeu, cela justifiait ma présence, j'ai feint de me plier à leurs attentes, ils ont nourri ma défiance et mon mépris, c'était consternant.

Dans le passé, on m'aurait probablement trépané, jeté d'une falaise ou brûlé tel un sorcier, un suppôt de Satan, un possédé.

S'ils savaient à quel point ils étaient ridicules dans leur blouse blanche, entravés dans leurs certitudes. J'ai gardé le ressenti de ces séances en moi avec le même dégoût amer de leurs questions et attitudes, fausse compassion et indifférence professionnelle. Ma mémoire a fixé ces images, ces émotions. J'avais le sentiment d'être l'otage de terroristes, d'avoir été enlevé injustement. Cela a été très difficile à vivre et, même si je sais que mes parents le regrettent, les stigmates perdurent.

Je hais les humains pour leur bêtise, leur esprit limité, leur vision étriquée. Mais comme tout ce que nous faisons, imaginons, est en relation directe avec nos connaissances du présent, les certitudes d'aujourd'hui seront sans aucun doute balayées demain par de nouvelles qu'un nouveau savoir apportera jusqu'à ce que le cycle se reproduise sans fin.

Peut-on donc jeter la pierre à ceux qui ignorent ?

Le non concevable, l'improbable ne peut être admis de tous aussi facilement et surtout rapidement. Il y a toujours une inertie conséquente dans l'acceptation de l'inconnu.

Celui qui disait que notre planète était ronde quand tout le monde la pensait plate était considéré comme un fou, rejeté du consensus, de « ceux qui savent ».

Comprendre un surdoué, c'est un peu comme admettre la physique quantique, assimiler qu'une particule de matière puisse être à plusieurs endroits en même temps en se déplaçant à des vitesses différentes ; c'est marcher en parallèle du sens commun.

Alors je n'en veux à personne et certainement pas à mes parents qui, désemparés, s'en étaient remis à leur médecin généraliste que l'intelligence avait épargné au profit d'un orgueil démesuré qui continuera de nous porter préjudice dans le futur par ailleurs (cet homme commettra d'autres erreurs sans en accepter les responsabilités).

Conclusion de mon séjour à l'hôpital : Cet enfant a des pensées qu'il ne devrait pas avoir à son âge. Ce sont des pensées d'adultes.

Bravo ! Des années de médecines pour un diagnostic si clairvoyant !

La vie a donc repris son cours, mais avec ce fardeau en plus, cette honte à cacher, il m'a fallu mentir à l'école auprès des élèves pour justifier mon absence.

Je ne sais pas ce que mes parents ont pu raconter dans leur entourage, la communication dans notre famille a toujours été délicate. On peut parler de tout et de rien, mais pas de nous…

C'est comme si la profondeur des choses n'avait pas de sens ou bien dérangeait. La remise en question est à sens unique, la susceptibilité à fleur de peau et la vexation inévitable, alors au bout d'un moment, on choisit le silence.

Je vais avoir cinquante ans d'ici la fin de l'année, et il y encore quelques semaines, lorsque j'évoquais cette période avec ma mère, sa réponse a été :

« - Ah, quand tu étais malade ! »… Sans commentaire…

Et puis aussi :

« - Avec tes capacités, si tu avais voulu ! »…

Comme si j'étais responsable de mes échecs, comme s'il me revenait à l'époque de faire autrement, comme si j'avais eu le choix… sans commentaire.

Mes parents, comme la plupart des gens, ne peuvent pas comprendre ce qui, même en étant expliqué, ne correspond à aucune de leurs références.

Je ne veux pas que ma fille ait à subir ce genre de traitement, cette lourde solitude environnante tel un astronaute perdu dans l'espace, détaché de son vaisseau avec pour seul horizon, l'infiniment vide, un vide sidérant.

Je ne veux rien provoquer, devancer, instiller en elle quoi que ce soit qui puisse modifier sa personnalité, mais je veux être vigilant et disponible. Parler est toujours difficile, surtout lorsque le sujet touche notre intimité, alors ce qui suit est destiné à lui ouvrir des portes, l'aider à ne pas se sentir seule et avoir toujours à sa portée, une main tendue bienveillante.

J'expose ici mes bonheurs, mes colères, mes idées, les étapes de ma vie, le cheminement de mon évolution intellectuelle, ma construction et un peu de mon intimité surement.

Écrit sans aucune prétention, les mots expriment la pensée du commun, le quotidien de l'anonyme, d'une minorité méconnue ; ils sont l'analyse du passé, du présent et du futur, ils sont le fruit d'une longue réflexion, introspection, une ode à la vie, à l'espoir et la plus belle raison de ne jamais cessé de croire que tout est possible.

Après avoir vécu deux guerres, une crise économique majeure, la mort de son fils, mécanicien de bord dans un avion de ligne égaré puis mitraillé sans autre forme de procès par l'armée israélienne au-dessus de son territoire, mon grand-père, dont le présent et le passé avaient su le mettre à l'épreuve, me disait telle une ritournelle il y a déjà trente années de cela que le futur ne serait pas joli à voir :
- « Vous verrez mes enfants, ce qui vous attend ne laisse rien présager de bon ! ».
Aujourd'hui, tout semble se disloquer.
Mon grand-père était-il devin ? Certainement pas.
 L'homme désespérément prévisible, n'a cessé d'être ce qu'il sera toujours et l'inéluctable histoire que nous écrivons et subissons actuellement, ne cessera de se répéter dans cette incroyable énergie que nous mettons à encourager les « craties ». Qu'elle soit auto, techno ou bureau, aristo ou théo, elle semble se synthétiser dans la médio dont le prix à payer semble épargner la plouto dans le mépris de la mérito.
Milgram le démontrait dans son expérience où un "cobaye", sous prétexte qu'il répondait à un ordre, finissait par infliger des décharges électriques pouvant atteindre quatre cent cinquante volts à une personne (complice) hurlant de douleur parce qu'elle n'avait pas répondu correctement à sa question.
Il me semble que l'homme n'apprend guère de ses erreurs et serait même, aidé par l'intérêt et le profit, prêt à les réitérer.
Dénué de tout complexe, il persiste dans l'absurde en pleine conscience de ses actes.
J'ai la certitude que les douleurs de l'histoire se répèteraient si les mêmes terribles évènements devaient se reproduire.
Quel avenir allons-nous laisser à nos enfants ?

Vivre ou survivre ?

Sommes-nous les dernières générations à pouvoir témoigner de la diversité, du bonheur, de la paix et d'une harmonie relative ? Des droits de parler et choisir ?

La conjoncture en cette année 2021 était prévisible, nul besoin d'être un visionnaire.

Je ne suis ni économiste, sociologue, psychologue, philosophe ou intellectuel, mais juste un observateur impartial, témoin de son temps qui quinze ans en arrière, au regard de la tournure de la société de l'époque, de sa cohérence, des mentalités, s'effrayait déjà et ne donnait pas trente ans à son effritement pour affecter dangereusement notre quotidien.

Tout ne tient qu'à un fil, tout est allé beaucoup plus vite que je ne l'avais imaginé.

Quinze ans en arrière, je disais ne pas vouloir d'enfant, ne pas vouloir être coupable de satisfaire mon égoïsme à procréer et d'imposer un devenir bancal à un innocent…

Mais pourtant je l'ai fait… j'ai changé de vie en pensant bien faire et je l'ai fait. Je l'ai fait mais maintenant j'ai peur.

Je l'ai fait mais pour autant ne regrette pas, ma fille est mon plus grand bonheur, ma plus grande richesse, le plus beau cadeau que la vie puisse offrir.

Ma responsabilité est maintenant cruciale, j'ai comblé mon souhait d'être père et lui dois de préparer son avenir dans les meilleures conditions.

Que pensera-t-elle de moi plus tard ? Me jugera-t-elle durement pour avoir cédé à mon désir de devenir papa ?

 Aura-t-elle de la rancœur, de la colère ?

Ce qui est fait ne demande pas d'excuses, j'assume mon choix de paternité, mais maintenant qu'elle commence à grandir, je lui dois de la guider, la soutenir dans son aventure, la préparer à entrer dans la vie sous les meilleurs auspices, lui apporter la conscience du tout et la connaissance, lui donner la capacité de jugement, de discernement pour ne pas devenir un mouton de plus dans le troupeau, un cobaye de Milgram.

Elle a la chance d'être née en France, dans un pays libre et confortable où la vie y est « facile » et il va falloir se battre pour la conserver, être lucide et tirer son épingle du jeu.

Finalement, le processus suit son chemin ; dans nos civilisations industrialisées, au fil du temps, il faut toujours être plus performant demain pour espérer conserver ce que nous avions hier.

L'histoire est jalonnée de périodes de troubles récurrents et la planète ne s'est jamais arrêtée de tourner pour autant. Il faut je pense, vivre et ou connaître l'inconfort, la précarité, l'angoisse et la peur pour pouvoir tirer les enseignements du passé, rester humble et faire de chaque nouveau jour une progression vers le meilleur.

Le meilleur, je le souhaite pour ma fille et avec sa maman, nous travaillons tous les jours pour tenter de lui apporter un confort, une stabilité, une culture, une éducation équilibrée, une ouverture d'esprit, la valeur des choses et la richesse de la vie.

Cet ouvrage l'aidera peut-être dans le futur à se souvenir ou bien   comprendre.

La planète étouffe, les océans sont vidés de leurs ressources polluées au préalable, les forêts, à l'instar des récifs coralliens, poumons de notre planète, sont réduites en cendre avec leurs faunes et flores endémiques au profit de cultures mono spécifiques propres à répondre à nos caprices alimentaires cancérigènes.

Le nuage de Tchernobyl qui, sans aucun doute, selon les autorités, s'est arrêté aux frontières de la France, s'est visiblement autorisé à contaminer le massif du Mercantour ; rendant les sols et les rivières impropres, les champignons et les poissons toxiques dans le plus strict silence, secret.

Des laboratoires extrêmement pointus en terme de technologie dont les recherches et résultats ne sont pas accessibles au public vous diraient que certaines plages renommées du sud de la France, labellisées fièrement « drapeau bleu » par les municipalités, présentent cependant des taux de pollutions chimiques et organiques élevés supposant les rendre interdites à la baignade mais qui restent pourtant ouvertes aux touristes et locaux en toute impunité, à l'instar de certaines plages de la côte Atlantique où surfeurs et baigneurs évoluent dans des eaux chargées en cyanure.

Personne ne veut mourir ni souhaite voir mourir ses proches. Les progrès de la médecine repoussent les limites chaque jour et nous laissent espérer pouvoir profiter de la vie encore un peu plus, mais le fait est que nous sommes indéniablement trop nombreux.

Les pressions anthropiques, démographiques, ne cessent de croître au détriment d'un équilibre indispensable à un futur pérenne. Nous jouons aux apprentis sorciers dans tous les domaines, nous contrarions l'ordre des choses.

Quand une partie du monde meurt de faim, vit dans la misère, l'autre parasite les écosystèmes, surproduit l'inutile afin de mieux engraisser nos obèses et mieux « sucrifier » nos diabétiques dont la prise en charge à cent pour cent de leur « maladie » incombe au contribuable. Où sont les principes de précaution, la concrétisation des grandes paroles ?
-« Mieux vaut guérir que prévenir et les lobbies pharmaceutiques seront bien gardés ! ».
En période de confinement liée à la pandémie de covid-19, on laisse ouverts les commerces dits essentiels comme les bureaux de tabac par exemple, on ferme les rayons librairie, jouets et habillement dans les grandes surfaces quand chacun reste libre d'entretenir sa comorbidité dans les rayons sucreries et sodas…
A quelque niveau que ce soit, le pouvoir et l'argent nous font subir l'absurde, l'insupportable.
Les mers, la terre et le ciel agonisent, le climat s'affole, le Gulf Stream menace de ralentir ou s'arrêter, la fréquence des ouragans se rapproche et leur intensité atteint dorénavant des valeurs inexistantes sur l'échelle de Saffir-Simpson.
Pourquoi ?
Visiblement par l'accumulation des gaz à effet de serre liée à notre surconsommation, suractivité industrielle génératrice de gaz carbonique et nos modes de vie que nous défendons becs et ongles.
Le prix à payer est en marche et arrive à grand pas.
La facture sera salée.
Le pergélisol gelé, à l'instar des banquises et glaciers se réduit comme peau de chagrin sous l'effet du réchauffement climatique, libérant des quantités de méthane, gaz à effet de serre à potentiel de réchauffement global vingt-huit fois plus puissant que le gaz carbonique.

Plus il dégèle, plus il dégaze et donne une accélération phénoménale au réchauffement du climat qui lui-même accélère la fonte du Pergélisol gelé, qui lui-même…

Cette réaction en chaîne parfaitement connue des scientifiques et politiques semble irréversible et pouvoir générer à court terme des perturbations sans précédent sur des régions du monde et leur population.

Le même processus en association avec l'eau de mer, se produit au fond des océans et certaines zones donnent l'impression que l'eau de mer est en ébullition à la surface tant la quantité de gaz remontant est considérable.

A certains endroits, il suffit de craquer une allumette à la surface de la banquise pour enflammer la neige.

Les élevages bovins intensifs épuisent nos ressources en eau et sont également de gros producteurs de méthane.

Faudra-t-il expliquer à un pays dévasté par un cyclone, comme les phénomènes Irma et Maria en septembre 2017 l'ont fait sur les îles des Caraïbes, qu'il est victime d'une flatulence bovine de trop ?

Si trop d'amour tue l'amour, indéfectiblement, trop d'homme tuera l'homme.

Orgueil et égocentrisme, l'espèce humaine à laquelle j'appartiens, dans son ensemble, est prête à tout pour sauvegarder ses petits avantages, son train de vie, ses habitudes et se révèle à son apogée dans une hypocrisie sans limite puisée dans une médiocrité sans borne.

Dans ma vie d'hôtelier, un soir où plusieurs clients étaient rassemblés dans la salle de restaurant, j'ai été pris à parti par une dame très hautaine qui s'insurgeait que les pailles que nous utilisions pour nos cocktails étaient en plastique et finiraient sans aucun doute dans une narine de tortue, que le standing de notre hôtel nous imposait une prise de conscience quant à l'impact de notre gestion sur l'environnement.

Il fallait une certaine suffisance et un manque de savoir-vivre notoire pour oser lancer cet affront devant un auditoire pour le moins interloqué.

Comme s'il suffisait de regarder un documentaire à la télévision pour prétendre détenir la vérité et devenir le soldat engagé d'une cause écologique.

Le bien pensé ne présente aucun intérêt si l'on ne peut être l'acteur de ses mots.

Cette même cliente qui pianotait sur un joli téléphone portable dont l'extraction des composants comme le cobalt, exploitait une main d'œuvre enfantine parfois jusqu'à la mort dans des mines africaines, avait également traversé l'Atlantique depuis la France dans un bel avion pour rejoindre les Caraïbes, puis un joli ferry pour finalement visiter notre île dont l'électricité est produite par la combustion de fuel.

Le lavage de ses pailles favorites nécessite de l'eau pour être lavée, eau qui ne peut être propulsée que par une pompe très consommatrice en électricité, énergie produite par des chaudières thermiques fonctionnant au diesel.

Cessera-t-elle demain de voyager pour autant, serait-elle disposée à changer ses habitudes de vie pour protéger son environnement qu'elle semble tant chérir ? Je n'y crois pas !

Avec les années d'expérience en hôtellerie, les exemples trop nombreux de clients s'offusquant de trop de pluie, de soleil, de nuages, de vagues, de nature trop bruyante et j'en passe, suffiraient à écrire un livre. En général, rares sont les gens prêts à revenir aux sources. Leur conception du minimum reste bien au-delà de l'essentiel.

Elle ignorait également que j'avais consacré la première partie de ma vie à développer des pépinières de corail, et autres invertébrés que je reproduisais en captivité afin de limiter les prélèvements dans la nature, elle ignorait également que mon épouse et moi-même avons créé une association lors de notre arrivée sur l'île où nous vivons, dans le but de sensibiliser les enfants à l'environnement et la protection des récifs et que, pour se faire, nous avions « sacrifié » un cinquième du conteneur destiné au transport de nos effets personnels au départ de France, en carton de livres, outils pédagogiques, informatiques, récif artificiel, système audio et vidéo pour pouvoir offrir aux écoles des conditions d'accueil et de travail ludiques et performantes. Un bâtiment était également destiné à recevoir les enfants des écoles.

L'agressivité et le ton supérieur qu'elle affichait à mon égard devant l'assemblée du restaurant, ne se résumait qu'à un point de vue borné dont la conviction profonde, méprisante et dangereuse ne reflétait que les limites de sa capacité de raisonnement.

Trop de manichéisme habite les mentalités, s'interroger, se documenter, faire preuve de discernement, se remettre en question, laisser place à la réflexion, considérer l'opinion de l'autre comme une possibilité, sont les fondamentales d'une conscience indispensable à la justesse; notion qui devrait être primordiale.

Les gens sont souvent pleins de certitudes, ont la prétention de tout savoir alors que leur maîtrise du sujet ne se réduit souvent qu'à une simple idée reçue. Avoir des opinions est normal, indispensable même, mais il faut savoir garder une objectivité quant à la réalité et en particulier au regard de ceux qui la vivent.

C'est en écoutant, en observant que l'on apprend le mieux. Les autres étant une source principale de savoir et d'opportunité d'étendre ses connaissances.

Cette faculté n'est pas cependant la propriété et/ou la priorité de tout le monde.

On peut lire sur les réseaux sociaux en ces périodes de trouble liées à la pandémie de Covid-19 qu'il faut se satisfaire du minimum, que nos vies sont corrompues par notre besoin de superflu, qu'il faut revenir à l'essentiel et sortir du système de consommation.

C'est vrai…

Mais pour qui ? Selon qui ? Et comment ?

Tout n'étant qu'une question de point de vue, quel seraient selon ces gens les critères du retour au minimum ?

Jusqu'où seraient-ils capables d'aller ?

Quel devrait être le monde idéal ?

La planète est surpeuplée, faudrait-il exterminer trente pour cent de la population? Les riches ou les pauvres ? Un peu des deux ?

Qu'est-ce que la richesse, où commence-t-elle ?

A chaque étage de la société, nous considérons celui qui possède plus que nous comme étant plus riche. Celui qui travaille dur pour gagner sa vie est-il plus à blâmer que le fainéant qui profite d'un système social au détriment de ses concitoyens ?

Faudrait-il éliminer les trop vieux, les trop gras et « sucrifiés » afin de réduire les comorbidités en cas de virus et éviter ainsi le débordement des hôpitaux (dépouillés volontairement de leur capacité à être performant) et les morts collatéraux, victimes d'un engorgement encouragé par une société délétère?

-« Prohibons les micro-ondes et téléphones portables ! »

-« Stop à l'industrie pharmaceutique et prônons le retour aux plantes ! » (l'une de nos connaissances, un « rasta » qui ne voyait que par les plantes s'est finalement retrouvé à l'hôpital sous transfusion pour hémorragie après avoir tenté de se soigner de la dengue par les plantes…).

On peut vouloir refaire le monde de toutes les façons, nous le ferons toujours selon nos propres critères et intérêts. Nous appartenons à un cercle, une spirale sans fin, celle de l'écoulement du temps que nous cherchons à maîtriser, optimiser et moderniser, nous en sommes les acteurs et contribuons à son expansion.

La première des choses à faire serait de cesser de jouer de notre esprit malsain, égocentrique, devenir honnête avec soi-même et donc envers les autres puis balayer devant sa porte avant de se permettre de relever la tête pour voir ce qu'il se passe chez le voisin.

Avoir la tête haute, être digne, impose une discipline de soi-même et une compréhension de ce et ceux qui nous entourent.

Mais pour ce que j'observe du monde actuel, je ne crois pas que le plus grand nombre soit prêt au changement qu'il réclame, et certainement pas dans un pays industrialisé comme la France.

Je ne suis pas certain que les gens qui meurent de faim dans le monde aient recours aux antidépresseurs et au suicide comme nous le voyons dans nos pays dits « civilisés ». Nous ignorons le sens de la résilience, de la peur qui fait que nous continuons à vivre guidés par l'instinct. Nous sommes habitués à vivre dans un confort tellement ancré dans le quotidien qu'il n'est même pas envisageable qu'il n'existe pas ; ouvrir un robinet et regarder couler l'eau, voir la lumière surgir de l'ampoule sous la pression d'un interrupteur, prendre le transport de son choix et se déplacer où bon nous semble, ouvrir le réfrigérateur et satisfaire son appétit, manger ce que l'on veut, quand on le veut…

Nous avons évolué pour le bien de chacun, pour ne plus mourir de maladies bénignes, ne plus vivre dans l'insalubrité, succomber à la famine, pouvoir manger à sa faim, ne plus avoir trop froid ou trop chaud, donner le meilleur à nos enfants, nous avons développé les arts et les divertissements pour le plaisir et l'épanouissement…

Chaque évolution nous a éloignés de la rudesse d'antan au bénéfice de plus de confort et de sécurité.

La facilité d'accès aux médias aujourd'hui ne peut laisser chacun dans l'ignorance. Cela fait des décennies que nous épuisons les ressources de la terre, de la mer, nous brûlons les forêts indonésiennes pour y établir des monocultures, bourreaux de la bio-diversité, planter des palmiers dont l'huile se répand dans toute notre alimentation et qui s'en préoccupe ? Les gibbons ou les orangs-outangs meurent dans l'indifférence presque la plus totale.

Il suffit de suivre l'explosion des courbes de l'obésité et du diabète dans les pays industrialisés et leurs prévisions terrifiantes pour les décennies à venir pour comprendre que si les gens ne sont pas capables d'intégrer qu'en nuisant à leur santé, ils se rapprochent de la mort à chaque repas et qu'ils s'auto-assassinent, comment espérer qu'ils puissent un jour se préoccuper des autres et de leur environnement ?

Le respect des autres commence par le respect de soi-même.

J'ai eu, dans mon existence, à vivre durement, dans des conditions très difficiles, à plusieurs reprises et pendant de nombreux mois.

Même si cela semble devenir à la mode ces derniers temps, je ne souhaite à personne originaire d'un pays moderne, habitué au confort du citadin, de revenir aux sources, à la nature. Pourtant, je ne suis pas malheureux, je n'ai jamais été à plaindre et la situation dans laquelle je me trouvais et me trouve parfois encore aujourd'hui est sans comparaison à la soumission qu'impose la misère et la pauvreté.

Globalement, je ne pense pas qu'une vie dans un quelconque dénuement soit une source de bonheur et d'épanouissement pour qui que ce soit. L'afflux incessant de migrants chaque jour semble attester que le moins pire est ailleurs.

Je connais des gens qui vivent du minimum, dans la forêt, au contact de la nature, collectant les eaux de pluie et se nourrissant de leur production, mais qui n'ont d'autre choix que d'appeler à l'aide financièrement lorsque les choses tournent mal.

Certains de nos employés, viennent d'Haïti, ils vivaient dans des cabanes en tôle, dans la montagne, sans électricité, eau courante, à même le sol, ils ne parlent que le créole. Ils jettent par habitude les allumettes par terre après avoir allumé la gazinière, sauf que dans la cuisine du restaurant, il y a du carrelage ! Ils ne savent pas utiliser un ouvre boîte, un mixeur, un four à micro-ondes, un lave-vaisselle et passent l'aspirateur sans le brancher ni appuyer sur l'interrupteur, pour ne citer que cela… Ils ont quitté leur pays en pensant trouver mieux ailleurs.

Maudeline a laissé ses quatre enfants. Son mari a été tué par balle et c'est la violence plus que la misère qu'elle voudrait fuir et permettre à sa famille de la rejoindre.

Pour le réveillon du nouvel an, nous avions convié tous nos employés (en étant rémunérés bien entendu), s'ils le souhaitaient, à venir partager avec nos clients, le repas et la soirée après le service.

Alors que je dansais avec ma fille dans les bras, mon regard a croisé celui de Maudeline. Il a suffi d'une fraction de seconde pour que mon sang se glace.

Je n'oublierai jamais sa façon de me regarder.

J'ai compris dans ses yeux toute la douleur que ma joie du moment lui occasionnait. J'ai compris toute l'importance de la richesse de pouvoir être avec ceux que l'on aime. Son regard à cet instant ne me quittera jamais.

Maudeline porte la tristesse sur ses épaules, c'est terrible.

J'étais heureux ici, lorsqu'au même instant elle était loin de chez elle et sa famille, le poids de sa vie sur le cœur.

Je côtoie la misère, la vraie et pour le savoir, ne manque jamais de rester objectif quant à ma condition.

Nous avons "hébergé" un ancien employé, il n'avait rien, matériellement, mais était le père de deux enfants. On ne pouvait pas dire qu'il était corrompu par la société de consommation et que le bonheur d'être père devait suffir à son essentiel. Il nous a demandé si il pouvait utiliser notre conteneur pour y loger. Tout d'abord éberlué, il m'a expliqué que c'était très important pour lui car il ne pouvait continué de payer un loyer et m'a prié d'accepter, j'ai fini par accéder à sa demande. Il y avait déjà l'électricité, nous avons mis des rallonges électriques, aménagé un lit et pousser nos affaires sur une moitié de l'espace. Il lui restait une zone de trois mètres par deux. Il y faisait une chaleur étouffante et les rats venaient le mordre la nuit. Il y avait un tuyau d'eau à l'extérieur et puis c'est tout. Nous l'avons embauché comme jardinier, il est resté ainsi plusieurs années.

Dame Nature n'a que faire de notre espèce, de notre nombrilisme, elle était là avant nous et le sera d'une manière ou d'une autre après. Elle finira toujours par reprendre son bien, ses droits sans se soucier de notre consentement.

Il nous incombe de subir ses lois, ses caprices et de tenter de s'adapter, mais pour les avoir touchés du doigt, c'est une épreuve sans pitié. L'apprivoiser n'est même pas envisageable, alors la contrôler, la dominer, reste l'apanage des imbéciles. Mais à contrario, l'accepter serait une renonciation totale, une résignation sans épanouissement. Il faut y trouver un équilibre, un juste milieu, la place qui est la nôtre. On prend alors conscience que l'importance du moindre petit plaisir est en relation directe avec l'ampleur de la détresse vécue.

Le manque, l'absence, le souvenir, l'espoir, sont autant de révélateurs de notre condition.

Lorsque l'on n'a plus rien, on ne gaspille pas jusqu'à la dernière goutte d'eau, on ne brule pas non plus les précieuses minutes que la lampe électrique illumine lorsque la nuit nous effraie.

Faut-il souffrir pour comprendre, apprécier, aimer ?

Probablement, ou du moins cela peut contribuer à une prise de conscience, une révélation, celle de la valeur des choses ; mais ne peut en aucun cas devenir un quotidien, un mode de vie. Il n'y a pas de routine dans l'angoisse de chaque jour.

J'ai vécu l'expérience, elle m'a certes apporté beaucoup, mais pour rien au monde je ne voudrais la renouveler ni la souhaiter à qui que ce soit.

Je ne veux pas que ma fille ait à vivre les situations que je vis. La vie se chargera bien de jalonner son chemin d'épreuves et je n'ai pas la prétention de pouvoir l'en épargner, mais lui donner dès maintenant le maximum de cartes en main, ne négliger aucune possibilité de lui offrir le meilleur et la préparer pour son aventure, lui donner ce qu'il y a de plus important : la possibilité, la liberté de choisir.

Je viens de laisser ma femme et ma fille à l'aéroport de Paris Orly, au terminal 1 ; elles vont prolonger leur séjour en France, chez ma belle-mère, sur les côtes bretonnes.

Pour ma part, je me rends au terminal 4 où le vol 810 me ramènera à la maison de l'autre côté de l'Atlantique, sur une île des petites Antilles dans les Caraïbes.

Nous venons de passer cinq jours de vacances en famille extraordinaires dans la capitale, à évoluer dans un univers privilégié, un monde à part.

Il me tardait de rentrer en France, d'avoir accès à la culture, de ressentir les ambiances de quartier, ressentir l'histoire, les vieilles pierres et me baigner dans l'architecture, réveiller mon esprit, mes sens et offrir à mes yeux autant qu'à mon palais, bien entendu, des souvenirs qui nourriront des « demain » plus ascétiques.

Paris offre des lieux d'Excellence incroyables, restaurants étoilés, beaux hôtels, magasins où l'élégance et le raffinement inspirent encore les codes, plus ou moins instinctifs, du respect de l'autre et de la conscience professionnelle.

Ce n'est pas directement une question d'argent. L'ostentation et l'épaisseur du portefeuille, le pouvoir d'achat, ne confèrent à son possesseur aucune once de savoir-vivre. L'avènement des nouvelles richesses, en quête de reconnaissance sociale, en est bien souvent le meilleur exemple. Ainsi, toute la magie des lieux, de la rencontre, la beauté du geste emprunte d'histoire se trouvent réduites à une connotation péjorative de bling-bling.

L'élégance ne s'invente pas, ne s'achète pas, elle se cultive dans le respect des autres et l'enrichissement de soi-même.

C'est une ouverture d'esprit, un intérêt pour l'esthétique, une sensibilité à la beauté, aux arts, à l'harmonie.

L'harmonie.

C'est, selon mon point de vue, dans cette dernière que réside l'essence de l'existence, elle est l'équilibre, la recherche de la justesse dans les relations avec autrui mais également avec tout ce qui nous entoure, naturel, matériel ou immatériel.

L'harmonie est un idéal, un rêve de tous les instants, une quête et comme telle, n'a pas de limite.

C'est dans ces lieux d'exception que la paix, la quiétude se savourent, les accueils y sont chaleureux et souriants, commerciaux, ne nous voilons pas la face, mais naturels sans aucun doute. Une belle prestation est toujours honnête.

La prestance ne doit pas être guindée et le détendu nonchalant, la partition doit être juste, sans une fausse note, le service sans heurts, recevoir est un art, une culture, c'est un pur moment de bonheur, une parenthèse dans le brouhaha du quotidien, une bulle imperméable, à l'abri des oppressions, une pause dans la réalité, une dimension parallèle, une bouffée d'air pur. Notre esprit se sustente, se soulage des poids accumulés par nos inquiétudes, angoisses et autres facteurs de stress que nous procure notre vie « normale », nous qui travaillons en permanence au service des autres sept jours sur sept.

Ce séjour aura été révélateur, un hommage à l'essentiel, celui de l'importance de chaque instant, de la chance qui nous est donnée de vivre la rareté, l'unique.

Je ressentai le besoin de cette paix, de la sensation de m'évader d'un monde où j'étouffe. Je garderai ces moments dans un recoin de ma mémoire comme des antalgiques prêts à opérer en cas de nécessité.

Depuis l'enfance, ma perception de l'extérieur se traduit par des images que j'imprime dans ma tête, systématiquement associées à un état émotionnel vital.

Chaque sensation me pénètre, se diffuse dans mon corps comme une vague d'énergie, des pieds à la tête. Je suis très sensible aux lumières, sons, textures, vibrations, aux atmosphères, aux réactions des personnes.

J'ai un besoin continue de ressentir, je me suis donc construit un monde émotionnel où des points de repère me rassurent, m'apaisent et contrebalancent mon excès d'empathie anxiogène, mes angoisses.

Faute de pouvoir faire autre chose, les possibilités étant restreintes quand on habite sur une île, nous sommes partis une semaine en croisière il y a quelques années, c'était la première fois et pour être honnête, ce n'était pas supposé être ma tasse de thé, enfin je le croyais.

Nous avons pris une belle prestation, à l'écart de la foule, et peut-être pour la première fois de ma vie je crois, je me suis senti à l'abri, serein, mon esprit m'octroyait enfin un repos inespéré.

Tout était fait pour moi, le confort, l'esthétique des lieux, un certain raffinement ponctué d'excentricité, le service, la qualité de la restauration et l'absence de bruit en général.

Je ne suis pas descendu du bateau de la semaine.

J'avais mis de côté mes angoisses, ma méfiance des autres, ma peur constante d'être agressé, mon analyse de tout puisqu'il n'y avait que peu à se préoccuper. J'ai pu me centrer sur moi-même sans subir les influences habituelles de mon quotidien.

La notion de pause était réelle, un arrêt sur image et c'est finalement en me retrouvant avec moi-même, que j'ai réussi à m'oublier.

Notre quotidien d'hôtelier quatre étoiles est un sacerdoce du bonheur, une dévotion à la recherche de l'excellence, l'obligation de réussite.

Telle la voie de la sagesse, le but s'éloigne au fur et à mesure que l'on s'en rapproche et nous pousse toujours à aller plus loin, c'est un mode de vie, un état d'esprit. Cela ne s'apprend pas, il nous habite.

Le luxe est devenu primordiale dans mon existence, il est l'authenticité, le vrai. Impossible de tromper l'autre. On pourrait presque dire qu'il est plus facile à offrir car d'un certain côté, les efforts produits ne souffrent d'aucune contrainte. C'est votre crédo ou pas. C'est avant tout une volonté, l'envie de faire plaisir, satisfaire. On se doit d'être honnête, transparent, vivre l'instant présent pour être à cent pour cent à la disposition de son client.

C'est une vie d'une richesse envoutante, la satisfaction d'avoir offert du bonheur et ça… c'est mon luxe !

Je pense avoir ainsi réussi à transposer, soulager une partie de mon empathie en faisant de mon travail une priorité à rendre mes clients heureux.

Je me suis toujours senti concerné, affecté par la détresse de l'autre, qu'elle soit matérielle ou psychologique. Le besoin d'aider, l'envie de m'impliquer, est une composante de ma sensibilité.

Chaque jour apporte son lot d'émotions et les larmes montent parfois aux yeux, relativement souvent en ce qui me concerne !

Si tel est le cas, vous avez alors réussi ; l'harmonie opère dans le partage.

L'énergie consacrée à cette quête est considérable, vampirisante parfois, épuisante, mais j'aime ce luxe, j'aime le donner et le recevoir, il m'élève dans l'esprit et satisfait mon honneur et sens du devoir, il est l'essence de ma dignité, il me donne le sentiment d'être propre.

Dépendant de la volonté humaine, il suffit souvent de peu pour transcender le normal en exception.

L'intention reste toujours ce qui compte le plus, anticiper les besoins du client dans la conception de la prestation mais aussi dans ses relations avec lui au quotidien, lui faire sentir notre considération, assurent l'essentiel de sa satisfaction. Malheureusement, même si cette attitude devrait être légion à tous les étages de la société, de plus en plus rares sont les occasions de vivre cette expérience hors circuit haut de gamme. De plus en plus, les sourires, l'amabilité, le service minimum se payent.

C'est dans l'exercice de ma profession, que ma relation avec l'autre prend une importance considérable. Il me permet via mon service d'apporter indirectement du bonheur sans un besoin personnel de m'investir.

Le maximum du travail ayant été réalisé en amont, durant la conception, notre signature immerge déjà notre hôte dans une prestation de service de qualité.

En effet, c'est en gardant les points positifs et fait le bilan des points négatifs lors de nos différents voyages, que nous avons édifié la ligne de vie de notre projet.

Trop souvent, des jours ou des séjours ont été gâchés par le simple comportement inaproprié d'un acteur de la prestation, sa volonté à ne pas faire le minimum pour satisfaire ses clients, son simple travail, nous considérer, jouer juste, être honnête, etc.

Ma profession m'offre ainsi la possibilité de choisir les rencontres, en fonction du feeling, d'y consacrer le temps que je souhaite, selon ma volonté et me laisse surprendre souvent par le temps, tant le partage m'apporte un exutoire salutaire.

De nature plutôt silencieuse, il faut parfois me faire taire !

Les clients sont avides de questions quant à la création de notre hôtel et je me laisse facilement emporter avec la chair de poule et les poils qui se dressent sur les bras.

Les clients le ressentent et disent souvent que les lieux sont emprunts de notre âme. C'est un compliment qui me va toujours droit au coeur, c'est la satisfaction du travail bien fait, c'est nous inciter à persévérer sur cette voie, celle de l'harmonie.

J'arrive ainsi à aimer l'autre dans le partage des émotions, des sensations, c'est très enrichissant et me permet d'apprécier l'être humain dans son individualité, à sa juste valeur, à un instant donné et pour une période déterminée, alors que la globalité de notre espèce, le plus souvent m'indispose.

C'est également un type de relation éphémère qui ne me laisse pas trop le temps d'analyser, de faire des constats puis de saturer. Nous sommes réunis, là, maintenant, pour partager des moments de joie, ceux que nous-mêmes recherchons quand nous voyageons et notre tâche est de veiller à leur pérennisation.

bsorbé par le travail tout au long de l'année, déconnectés du monde par notre vie insulaire, chaque retour en France est un choc lorsque nous allumons la télévision.

Triste constat !

La société est inexorablement nivelée vers le bas, l'instruction se réduit comme peau de chagrin, les diplômes sont dévalorisés pour mieux édifier l'inculte, les programmes médiatiques deviennent de plus en plus navrants à l'instar des textes de beaucoup de nos nouveaux chanteurs pour adolescents.

Les références contemporaines sont devenues relativement inquiétantes pour les futures générations.

La langue française, si riche et unique, semble déjà appartenir au passé et son orthographe, un vague souvenir bientôt obsolète devant la phonétique - Ki ka fé koi - ne sera plus que l e privilège d'une élite. La classe moyenne, quant à elle en voie de disparition, devra batailler toujours plus dur pour s'y octroyer une part du gâteau, garder la tête haute pour y respirer un air plus sain.

Tout est plus difficile et facile à la fois. Si la qualité, l'intelligence, le respect, l'empathie et autres disparaissent progressivement, il devient plus aisé de sortir du lot quand ces notions vous habitent.

Rien n'a plus de sens, tout fonctionne à l'envers.

L'avenir ne présage rien de bon en bien des domaines et ceux de la qualité de service, du soin apporté à la prestation, de la conscience professionnelle, en définitive du respect de son prochain, vitrine quotidienne de la santé de notre société, en sont les premiers affectés pour ne pas dire en voie d'extinction.

Notre vie française n'avait guère d'avenir prometteur, Mon épouse et moi-même étions arrivés au bout de nos emplois comme de nos employeurs déprimants et les années passant toujours trop vite, le moment était venu de se pencher vers le futur.

Se contenter de ce que nous avions était une solution mais à vingt-sept ans, j'étais encore trop jeune pour me résigner devant ce constat peu reluisant, alors nous avons décidé de monter notre propre affaire et avons choisi après moult réflexions, l'hôtellerie.

Nous habitions alors le sud de la France qui présentait un certain potentiel en termes de fréquentation et avions initialement tenté de créer une affaire dans la région, mais les chances de réussite étaient maigres. Tous les commerces individuels fermaient les uns derrière les autres au profit des marques franchisées, monopoles de l'uniformisation et du conformisme.

Nous avons donc, pendant une dizaine d'années, usé papier et encre à retourner dans tous les sens la construction d'une petite structure hôtelière qui au fil des années a certainement pris toutes les formes possibles et imaginables, mais qui, par le biais du hasard ou peut-être simplement celui de la réflexion, en est revenue inconsciemment à notre idée initiale cependant améliorée ; ce qui nous a laissé supposer que nous étions dans notre vérité et que le projet avait été mûrement réfléchi.

Nous n'étions pas riches, mais tout de même en passe de devenir propriétaire de notre appartement à l'issue du remboursement du prêt contracté. La vente de ce dernier ainsi que de nos maigres économies, effets personnels tels bijoux de naissance, bagues en or, nous apporteraient un capital d'environ trois cent mille euros.

Bien entendu, impossible d'établir notre projet en France ; entre le coût d'investissement et les taxes multiples, nous n'avons pas eu d'autre choix que de quitter notre patrie.

Le projet papier bouclé, nous avons cherché un endroit sur la planète correspondant à notre cahier des charges, c'est-à-dire peu d'insécurité, pas d'instabilité politique, pas de problèmes sanitaires, un accès aux soins décent, eau, électricité et communications (l'accès à internet était indispensable pour la promotion de la structure), l'accession à la pleine propriété, enfin bref un minimum de confort auquel nous étions habitués et une faisabilité assurant une pérennité « hypothétique » de notre projet.

Seychelles, Ile Maurice, Rodrigues, Madagascar, Sri Lanka, après avoir retourné la planète, essuyé quelques déboires et désillusions, la Caraïbe semblait être une bonne destination et nous sommes venus visiter une île encore nature, loin du tourisme de masse et offrant un certain potentiel dans l'avenir. C'était pour le moins ce que nous pensions à l'époque.

Nous avions sélectionné une zone de l'île propice au développement de notre projet : proche de la route principale, proche de la capitale sur la côte ouest, la côte sous le vent, la côte abritée et donc plus touristique. Après presque un mois d'investigations infructueuses, nous avons finalement trouvé, à quatre jours de notre départ, un terrain extraordinaire situé sur une colline de quarante mille mètres carrés.

Nous avons signé la promesse de vente pour une parcelle de quatre mille mètres carrés dans les bureaux de l'agence immobilière en charge de la vente, puis sommes allés demander à un géomètre de venir procéder à la division de la colline et nous attribuer notre parcelle comme la procédure nous l'indiquait.

Mais comme rien ne se passe comme on le souhaite, il refusa de se déplacer en nous précisant que la propriétaire était décédée deux jours plus tôt et qu'en l'absence d'une succession établie, il ne pouvait procéder à la division.

Nous venions donc de signer un compromis et convenir d'un accord au téléphone avec un propriétaire visiblement décédé !

Une année de paperasses et démarches multiples a été nécessaire pour enfin devenir propriétaire, se rendre sur place et lancer le projet.

Il y a quelques dizaines d'années en arrière, la colline était jonchée d'arbres épineux qui ont été coupés en totalité pour produire du charbon. La colline s'appelait alors le « Mont Piquant ». De la citronnelle avait été plantée en lieu et place pour stabiliser et prévenir l'érosion des sols. Les quatre mille mètres carrés de citronnelle que nous venions d'acquérir, ne se sont pas laisser apprivoiser si facilement et après une année d'attente supplémentaire pour l'obtention du permis de construire, nous avons finalement commencé la construction qui a duré presque trois ans.

Trois années extrêmement éprouvantes tant physiquement que psychologiquement.

Il n'y avait plus de limites, nous avions investi la totalité de nos biens et l'échec n'était pas envisageable. Il était trop tard et dangereux de commencer à se poser trop de questions.

La fatigue est telle que la réflexion devient l'ennemi numéro un. Mais réfléchir à outrance, chez moi, c'est mon fonctionnement normal!

Il faut travailler avec son subconscient, faire abstraction de tout ce qui pourrait parasiter la tâche à accomplir. Enclencher un « mode robot » en quelque sorte. Il faut séparer l'action, le geste de l'esprit, ce qui ne me pose pas réellement de problème puisque mon fonctionnement habituel m'impose une suractivité cérébrale dans n'importe laquelle de mes actions physiques, sauf que cette fois-ci, le but est de servir ma cause et non de me parasiter.

Chaque jour est un jour nouveau sur lequel il faut s'appuyer. Chaque coup de pelle, de pioche, nous rapproche de notre objectif et l'avenir, dans ces conditions, ne se limite qu'à ce coup de pelle ou pioche suivant. Oser penser plus loin est effrayant.

Nous avons conçu l'ensemble de notre projet. Nous l'avons pensé, dessiné, calculé, monté le business plan, mais pour pouvoir être validé par le gouvernement, il fallait passer par un architecte pour la mise aux normes locales.

Notre premier architecte maîtrisait parfaitement son logiciel mais après plus de dix mois, nous nous sommes rendu compte que ses compétences se limitaient à l'informatique. Après plusieurs refus du département des permis de construire et des explications de plus en plus obscures de la part de notre architecte, nous nous sommes rendus sur place pour demander des explications. On nous a alors recommandé de prendre contact avec un « vrai » architecte pour venir à bout de ce projet !

Il nous semblait avoir suivi cette procédure depuis le début, mais visiblement, le temps de demander des comptes plus précis à notre « architecte » sur l'ampleur de ses compétences était venu. Il nous a donc expliqué qu'il avait effectué une fois un stage chez un professionnel où il avait appris à utiliser le logiciel !

Nous avons fait de notre mieux pour garder notre sang froid en lui imposant de nous trouver un « vrai architecte » capable de gérer notre dossier sur le champ et dont la rémunération serait l'équivalent du solde que nous étions censés lui verser, ce qu'il a fini par faire.

Un mois après, notre dossier était validé comme il se doit avec les mises aux normes sismiques et ouragans requises.

Cette première année à attendre l'agrément du permis de construire, nous l'avons passée à terrasser la propriété. Anticiper était essentiel, perdre du temps, inconcevable. Nous avons tracé les bâtiments à l'aide de cadres en bois, piquets et cordes, puis fait venir une pelleteuse pour excaver les zones de construction. La terre était mauvaise et la roche affleurait parfois sous quinze centimètres. Le recours au marteau piqueur fût indispensable… et très coûteux.

Notre voiture transportera des milliers de roches depuis la montagne ou la rivière ainsi que des mètres cubes de terre qui serviront à créer des zones de plantations sur une terre argileuse peu fertile qui se transformait en roche sous la brûlure du soleil et en glaise collante alourdissant chacun de nos gestes sous la pluie. Quel que soit le climat, le travail à la pioche devait certainement ressembler à celui des bagnards de Cayenne.

Aux dires des pépiniéristes locaux qui refusaient de nous vendre des plantes, rien ne devrait pousser sur notre terrain, trop sec et rocheux.

Le tracé de la route d'accès ainsi que l'excavation nous ont permis de commencer les plantations. Il n'était pas envisageable d'ouvrir notre hôtel sur un terrain vague avec trois brins d'herbe et deux cocotiers de cinquante centimètres.

Avant de brûler notre budget dans l'agrément végétal, nous avons récolté des plans sur les bords de route (cocotiers, amandiers, oreilles d'éléphant, héliconia, alpinia, rose de porcelaine, canne à sucre et bananiers bien entendu !), prélevé des boutures chez les voisins (cactus, hibiscus, et autres arbustes) et avons planté dans tous les sens en espérant qu'un minimum reprenne vie.

Les bâtiments devraient s'intégrer à la nature dès notre ouverture, c'était une priorité... Et ce fut le cas.

Plus de cent quarante espèces exotiques provenant du monde entier ont été plantées et prospèrent aujourd'hui pour offrir à notre clientèle la beauté d'un jardin tropical voire botanique puisque quarante-deux plantes et arbres sont numérotés, répertoriés avec un plan et fiche explicative à disposition des clients dans leur chambre, leur permettant de se promener dans la propriété et profiter de la vue exceptionnelle qui leur est offerte.

Pendant cette première année, mon épouse et moi-même avons déplacé roches et terre à la pioche comme à la pelle. Il n'y avait pas d'eau sur le terrain, nous allions puiser de quoi arroser et maintenir en vie nos plantations quotidiennes à l'aide d'un seau au bout d'une corde plongé dans un trou excavé qui deviendrait dans le futur la piscine et qui collectait sans efforts par ruissellement les eaux de pluie.

A cette époque, nous n'avions pas d'enfant et avions des difficultés pour en avoir. Avec l'aide de la médecine, nous avons eu la chance que la première insémination soit fructueuse, nous étions aux anges, mais après une quinzaine de jours, la gynécologue nous a annoncé que le cœur ne battait pas normalement, qu'il n'y avait pas d'espoir et qu'il fallait attendre qu'il s'arrête de lui-même.

Une claque d'une violence sourde, un k.o., un ébêtement, une incompréhension, on se sent victime de la fatalité et coupable d'impuissance, nous nous sommes regardés et avons pleuré notre colère, notre déception.

Nous avons demandé une assistance pour accélérer le processus d'évacuation, abréger le supplice, mais il y avait un risque pour la maman et les chances futures de procréer.

Il a donc fallu attendre que l'embryon s'évacue par voie naturelle, un caillot de sang, un jour, dans la cuvette des wc que l'on a peur de regarder, la crainte du regard de mon épouse à chacune de ses sorties de toilettes… Sordide.

Je ne sais pas ce que peut ressentir une femme dans de tels instants, mais pour ma part, les sentiments de désespoir et d'injustice vous anéantissent. J'ai souffert pour moi, j'ai souffert pour ma femme.

La loi autorisant le nombre de six actes (un par cycle), nous tenterons notre chance avec cinq autres inséminations qui ne nous conduiront qu'à l'échec.

Nous avions épuisé nos chances d'essais légaux mais avions tout de même gardé des doses d'injection non utilisées lors des six premières inséminations et étions partis dans notre nouvelle vie avec notre « stock » dans un sac isotherme.

Tous les essais hors contrôle médical, trois au total, ne porteront pas leur fruit et se solderont par une visite aux urgences de l'hôpital local avec des pertes de sang importantes.

L'enchainement et l'acharnement des peines nous avait conduit à l'écœurement, nous avait volé l'idée du bonheur d'être parents.

Mais il nous restait cependant une dernière lueur d'espoir, et capituler ne nous ressemble pas…

Dans le même temps nous avions commencé à construire notre d'hôtel.

Nous étions tous les jours de la semaine sur le chantier, de sept heures du matin à dix-sept heures, impossible de confier le projet à un constructeur, l'utilisation du mètre et de l'équerre semblait être prohibée dans ce pays. Il fallait tout reprendre, vérifier et surtout contrevérifier car il suffisait de tourner le dos pour que le contraire soit fait. Bâtir autrement que rectangulaire ou carré obstruait leurs capacités.

Nous avons conçu, dessiné notre projet nous-mêmes et avions une idée très précise de ce que nous voulions. Le design original se basait sur la structure des madrépores hexacoralliaires (les « coraux » durs des récifs). Une succession d'hexagones formait un complexe harmonieux permettant une intégration parfaite avec l'environnement en créant des zones de discrétion par le décalage des chambres les unes des autres.

Notre maison, la cuisine, buanderie, réception, restaurant, piscine et son local ainsi que les six chambres formaient un ensemble cohérent où la végétation nouvellement plantée prenait doucement sa place.

… Le cauchemar de la procréation assistée avec ses espoirs déçus, la lourdeur du traitement et de ses effets indésirables difficilement supportables, nous avait refroidis quant à l'idée de poursuivre sur cette voie et nous commencions à envisager sérieusement l'adoption.

Mais vint le moment du désir maternel et l'heure de notre dernière chance se profilait à l'horizon.

Ce n'était pas le meilleur moment pour notre projet professionnel, (la grossesse et la possibilité d'avoir un enfant en bas âge alors que nous étions en pleine construction avec à suivre la mise en service de l'hôtel, ne semblaient pas être une stratégie du goût de nos proches), mais certainement le meilleur pour l'accomplissement de « nous », de notre espoir de fonder une famille, une priorité de vie, un essentiel.

D'un commun accord, afin de ne jamais avoir à regretter et de toujours garder une porte ouverte, une nouvelle chance dans le futur, nous avions pris la décision de mettre une partie de ma personne au congélateur avant de quitter la France. Le temps faisant son œuvre, le courage de tenter une fécondation in vitro refleurirait peut-être.

Et le temps venait d'oeuvrer.

Nous avons organisé le retour en France de mon épouse afin que les médecins nous viennent en aide et, après bien d'autres péripéties, la magie a finalement opéré à la première tentative. Deux embryons étaient viables, mais l'un semblait être plus motivé, vigoureux que le second, les chances de réussite étaient minimes.

La grossesse était à risque pour la maman et pour le bébé, il n'était donc pas question d'un retour sous les tropiques et je suis resté seul sous le soleil pendant une année.

J'ai suivi le développement quotidien de notre bonheur via mon téléphone, en photos et vidéos. Je suis rentré une première fois, puis une seconde pour l'accouchement. Afin d'être certain de ne pas le manquer, nous avions anticipé mon arrivée un mois avant. Le destin a préféré que notre enfant arrive trois jours avant moi !

La première photo de ma fille tant espérée m'est parvenue sur mon téléphone en salle d'embarquement à l'aéroport pour mon vol de retour en France, la vie est joueuse!

Cette année de solitude à assurer la construction du projet a été très éprouvante.

Je m'étais mis dans la tête que le jour était plus dangereux que la nuit, que si quelque chose devait arriver pendant la grossesse, ce serait de jour.

Avec le décalage horaire, ne dormant donc pas la journée, les phases diurnes se cumulaient au prix de l'angoisse de recevoir un coup de téléphone m'annonçant une mauvaise nouvelle presque vingt-quatre heures sur vingt-quatre.

L'angoisse du coup de téléphone, la peur de ne pas l'entendre sonner. L'angoisse du coup de téléphone mais l'attente impatiente de l'appel quotidien que j'espérais toujours porteur de bonnes nouvelles. Mon cœur se serrait à chaque sonnerie. Mon portable était devenu mon meilleur ami, une sorte de messager pour lequel je vouais autant d'affection que de craintes.

Aux images d'un ventre qui s'arrondit, des mouvements de mon enfant qui s'ébattait à l'intérieur, se mêlait une frustration incommensurable. Il m'a fallu apprendre à mettre mon âme en sommeil, à réduire mon mental à sa fonction la plus basique ; agir sans penser.

Dans mon for intérieur, je me nourrissais du bonheur de savoir ma femme en sécurité et menant à bien notre plus beau projet.

La construction de notre hôtel a eu son lot de mauvaises surprises, pour la plupart financières et nous nous sommes retrouvés assez loin de la fin du projet avec trente-cinq euros en tout et pour tout sur nos comptes en banque.

Tout était calculé, chaque étape avec une enveloppe, mais entre l'achat du terrain et le début de la construction, nous avons perdu pas moins de trente mille euros rien qu'au taux de change. Ainsi commença l'aventure.

L'argent filait à toute allure et nous n'avions aucune source de revenu.

Il fallait calculer chaque dépense, ne se permettre aucune fantaisie.

Instructeur de plongée, j'ai finalement répondu favorablement à la demande d'un centre de plongée des environs et ai ainsi assuré pendant plus de deux ans et demi les sept cents et quelques plongées et formations diverses.

Instructeur de secourisme et titulaire d'un Brevet National de Sécurité et de Sauvetage Aquatique, j'assurais également les « sorties baleines » comme nageur sauveteur en sécurité sur le bateau.

Mon emploi du temps se résumait à faire du béton de cinq heures à huit heures du matin pour être disponible à huit heures trente au centre de plongée situé à huit kilomètres de chez nous.

J'assurais les deux plongées puis rentrais vers quatorze heures pour reprendre le béton jusqu'à la nuit et finissait souvent par faire quelques bricoles à la lampe électrique, pour recommencer le même programme le lendemain matin. Sept jours sur sept.

Régulièrement il y avait une plongée de nuit et il me fallait retourner au centre de plongée à dix-huit heures trente pour rentrer vers vingt-deux heures.

Cela nous a bien aidé financièrement, mais restait toujours insuffisant.

Nous avons décidé de cesser de louer la maison où nous logions pendant les travaux. Étant seul, je pouvais supporter l'inconfort au bénéfice de dépenses moindres et puis dormir sur le chantier permettait également de réduire l'utilisation de la voiture et sa consommation en carburant. A cet instant, chaque centime a sa raison d'être.

Une quinzaine d'ouvriers m'aidaient à cette époque pour la construction et nous avions commencé par la réception que j'ai donc terminé en premier.

Durant la construction de notre hôtel, J'ai vécu une année sans électricité, donc sans réfrigérateur, sans lumière, sans eau courante, sans portes ni fenêtres à ma maison, sans sanitaires. Je récoltais l'eau de pluie dans une cuve en bas de la propriété et attendais la nuit tombée pour me laver sans être vu du voisinage, l'eau était froide, je tenais une lampe électrique d'une main et le savon en alternance avec un récipient d'eau de l'autre pour le rinçage. Les toilettes étaient d'une vastitude que seule la nature peut vous offrir, cinquante mille mètres carrés d'herbes hautes grouillants de vie la nuit, boa compris ! Il fallait être très motivé ou ne pas avoir le choix pour sortir soulager une urgente nécessité !

Finalement mal à l'aise avec cette option, je me suis contenté d'un sac plastique que j'évacuais tous les matins.

Je dormais dans la réception, premier bâtiment à recevoir des portes, dans laquelle tout notre conteneur avait été déchargé de nos effets personnels et où j'avais, sur des cartons de hauteur égale, disposé un matelas recouvert d'une moustiquaire que les moustiques semblaient ignorer.

Le soleil battant ardemment tout au long de la journée, les murs en béton se gorgent allègrement de chaleur qu'ils rediffusent avec autant d'allégresse durant la nuit. Combinées à la quantité de cartons entreposés, les températures nocturnes étaient étouffantes, difficilement supportables. Je dormais dans une moiteur qui rendait le contact du drap et de l'oreiller très pénible, mouillé, chaud, collant. Il me fallait retourner ce dernier régulièrement pour retrouver un semblant de fraîcheur.

Je partageais les lieux avec les crabes de terre qui escaladaient la moustiquaire, souris, rats et pensionnaires en tout genre qui se réjouissaient de l'obscurité pour sortir de leurs cachettes.

Les scolopendres attendront tout de même que tout soit terminé et que je dorme dans un vrai lit pour venir me mordre, trois fois en moins d'une minute dans les environs d'une heure du matin !

Une fois au genou, une fois à l'oreille après s'être emmêlé dans mes cheveux, puis une fois à mi-chemin… on me pardonnera de ne donner plus de précision !

En guise de fermeture, je calais les portes qui n'étaient pas encore équipées de verrou, à l'aide de morceaux de carton. Deux barres de fer à béton adossées à quarante-cinq degrés aux deux battants de porte, me servaient de réveil d'urgence au cas où ces dernières se seraient ouvertes sans mon consentement…

Je complétais ma sécurité avec une machette d'un côté de mon lit, mon sabre japonais de l'autre et une lampe torche.

Afin de réduire l'inconfort et le sentiment d'insécurité, je travaillais jusqu'à minuit à la lueur d'une pile électrique et me levais vers cinq heures du matin.

Les fers à béton ne tomberont finalement jamais mais ma peur aura été quotidienne.

Mon temps de sommeil était court et sa qualité bien médiocre. Avec le recul, je ne sais pas comment j'ai pu tenir le coup alors que des nuits de huit heures me sont habituellement nécessaires.

Une année de solitude donc. La solitude physique s'ajoutant à l'épuisement psychologique.

Mais pas le temps ni le luxe de faire un burn out !

Le réconfort de ma femme restée en France pour couver notre petit oiseau était ma seule source de bonheur même si le miracle de cette grossesse à risque était un bonheur effrayant.

Comme je le disais, je ne sais pas ce que peut ressentir une mère, mais je sais ce que l'attente de l'arrêt du cœur et l'évacuation naturelle d'un début d'une précédente grossesse vous laisse endurer.

Alors cet enfant là, chaque jour de son évolution dans le ventre de sa maman, même à huit mille kilomètres de là, a été vécu comme une victoire, un pied de nez à l'impossible et une bonne raison de se battre, de ne jamais baisser les bras.

Je ne cèderai que devant la mort, la mienne et celle de ma fille. Tant que les forces physiques et de l'esprit m'habiteront, je continuerai de croire que tout est possible et que les seules limites à nos actes ne sont que le reflet de notre non volonté, notre renoncement devant l'obstacle.

Quand la musique est dans la tête, même si les musiciens cessent de jouer, continuer de danser est vital.

Certains jours sont très difficiles et vouloir lutter contre n'est pas nécessairement la meilleure solution. Il faut savoir aussi accepter ses faiblesses. Nos sentiments, aussi profondément puissent-ils être enfouis, n'en restent pas moins vivants, actifs et habitent notre existence.

Sans complexe, libérer ses émotions, laisser couler ses larmes, permet de souffler un peu, d'évacuer la pression, de remettre les pendules à l'heure, relativiser et redevenir lucide pour mieux se relever.

J'y suis arrivé quelques fois, pas autant que la nécessité le réclamait, mais le travail était trop dur et je n'y arrivais pas. Si je ressentais le goût des larmes, il était rare qu'elles perlent aux yeux, ma douleur et ma peine étaient sèches.

Être loin de ma femme ou de ma fille aujourd'hui, les « au revoir » pour une durée indéterminée sur un quai de ferry ou un aéroport, sont vécus comme un deuil, je souffre à chaque fois comme si la mort venait de frapper. La séparation est douloureuse et la rapidité avec laquelle les images, les visages s'étiolent est effrayante. J'ai beau chercher dans ma tête, après quelques jours tout se floute pour faire place aux souvenirs, c'est effrayant. Sans internet et les différents appareils le véhiculant, je ne pourrais supporter ces situations traumatisantes, stigmatisantes.

Cette vie m'a rendu plus dur envers les autres et encore moins tolérant que je ne pouvais l'être auparavant. Entendre les gens se plaindre, fléchir devant la moindre difficulté, me hérisse le poil.

Les gens me disent aujourd'hui :

- « Mais quel courage ! ce que vous avez fait est incroyable ! »

De quoi parlent-ils ? Quelle valeur accordent-ils à ce mot ?

Du courage, je n'en ai pas une once, je n'ai fait qu'honorer le contrat, le pacte signé avec moi-même et la dette envers ma femme ; elle se préparait à m'offrir ce que la vie a de plus beau.

Je n'ai fait que mon devoir, il n'y avait pas de place au choix.

Je m'imposais seulement l'exigence, celle d'accomplir ma tâche.

La capitulation est un luxe que l'on s'autorise à penser quand tout va bien, dans un certain confort, mais au pied du mur, lutter est la seule option, c'est l'instinct de survie.

Faute d'électricité et donc de pouvoir stocker la nourriture au frais, je mangeais finalement peu et j'ai perdu vingt kilos au total ; peut-être un peu aidé par la contraction de la dengue avec laquelle il m'a fallu composer pendant quatorze mois.

La dengue est un virus véhiculé par les moustiques tigres. Les épidémies sont fréquentes, annuelles et des gens en meurent à chaque fois. C'est très facile d'être contaminé par un moustique infecté, et passer au travers du virus lorsque l'on habite sous les tropiques relève du miracle.

Je l'ai déjà contracté deux fois, mon épouse une fois avec une visite aux urgences pour syncope convulsive et notre fille une fois avec hospitalisation après cinq jours de température à quarante degrés, à deux doigts de la transfusion.

Au même instant, dans le même hôpital, une petite fille de douze ans décédait. Elle ne sera pas la seule.

Mais nous sommes dans les Antilles, nous devons faire avec dans une indifférence sanitaire, politique et médiatique totale. Il y a bien des panneaux préventifs nous rappelant qu'il ne faut pas laisser d'eau stagnante dans les bacs à fleurs ou autres récipients, mais lorsque vous contactez la préfecture pour signaler des dizaines de mètres cubes d'eau croupie dans d'anciens bassins de rétentions, vos courriers restent sans suite. Par contre, quand un cas de dengue endémique isolé est détecté en France, l'évènement fait sans délai le sommaire du journal de vingt heures.

Pour ma part, ma première « expérience » a commencé par une semaine avec trente-neuf de température. J'ai d'abord pensé avoir attrapé une sorte de mauvais rhume, une grippe…

Je n'ai pas arrêté de plonger et j'ai continué de travailler avec la fièvre. C'est probablement la raison de la longueur de mon rétablissement.

Marcher, pousser la brouette, remuer le béton, tout effort paraissait insurmontable, tout mon corps me faisait mal, mes muscles mais aussi mes os, en profondeur. Les douleurs dans la poitrine m'obligeaient parfois à m'arrêter un moment. Persuadé que j'allais mourir, des douleurs dans le bras gauche, la mâchoire, s'ajoutaient à celles thoraciques et je m'endormais avec mon téléphone dans la main pour pouvoir appeler les secours au cas où.

Je me suis également blessé à la cheville en tirant la brouette et la plaie s'est infectée. La zone meurtrie gonflait de jour en jour et j'ai dû finir sous antibiotiques. Sous les tropiques, il faut tout de même rester prudent.

Une fracture d'orteil par-ci, une fracture de petit doigt par-là, il ne fallait pas trop s'écouter.

Il n'y avait pas de place pour l'apitoiement, il fallait mener le projet jusqu'au bout et ouvrir l'hôtel le plus vite possible pour amortir les dépenses, cesser l'hémorragie.

Nos parents respectifs ont fini par nous aider financièrement (mes parents ont vendu leur maison dans le sud de la France pour se rapprocher de nous et venir habiter l'île voisine à la naissance de notre fille. En achetant un appartement, ils retrouvaient une aisance financière dont ils nous ont fait cadeau) et le projet a pu voir le jour après quatre années, comme nous l'avions imaginé mais avec trois chambres de moins, faute de budget.

Nous avons réduit une partie de notre habitation pour augmenter la rentabilité de la structure en créant une chambre supplémentaire, plus petite, mais restant très confortable pour les clients.

Nous avons toujours cru en nous et nous nous sommes investis à deux cents pour cent. Nous avons surmonté les difficultés, repoussé les limites de notre physique et mental.

Malgré les opinions extérieures, je n'ai jamais douté de la réussite de notre projet.

J'ai probablement perdu quelques années d'espérance de vie dans cette aventure, mais l'expérience de soi est une chance unique, un enrichissement exceptionnel, l'obligation d'humilité et peut-être un pas de plus vers la sagesse.

Je ne regrette rien.

Mais la médaille a son revers, une contrepartie plus sombre que ma personnalité déjà atypique n'a fait qu'accentuer. On ne regarde dès lors plus rien ni personne de la même façon, on s'enferme encore un peu plus dans un univers que de moins en moins de personnes comprennent, la famille et les amis en premier ; un décalage se crée, un fossé qui souvent nous impose le silence dans nos relations avec les autres.

Le futur se chargera de me le rappeler plus d'une fois et le vide social, la différence ne fera que croître au fil du temps.

D'une certaine façon, cette évolution m'est agréable. D'avoir su gérer mes différences naturelles, l'écart qui se crée aujourd'hui me permet de fermer un peu plus la bulle sur mon univers. Dans l'illogisme qu'est mon existence à vivre dans ce monde, je me sens moins vulnérable, plus rassuré.

Quelle que soit notre personnalité, nos différences, nous parcourons notre vie en faisant face à des jalonnements d'évènements divers, marquants, des épreuves parfois imméritées, traumatisantes mais que nous devons cependant gérer selon notre point de vue, notre capacité d'adaptation, de réflexion, de discernement et de résilience.

Autant d'obstacles qui me laissent penser que rien n'est plus incertain, instable et surtout impermanent que la nature des choses.

Alors, depuis peu, conscient que même un taux de probabilité faible n'épargnera pas celui sur qui le destin aura jeté son dévolu, conscient de la fragilité de tout équilibre, de la possibilité de tout perdre à tout moment, j'ai décidé de profiter, de jouir de chaque seconde du présent en m'appuyant sur mon passé déjà riche d'expériences humaines et de souvenirs pour agrémenter mon futur d'évènements plus épicuriens chargés de rêves et de joie dans le fugace que certains jugeraient de superflus, certes, de dispensables.

J'éprouve le besoin de maintenir mon esprit et ma personne à un certain niveau d'exigence. J'aime le raffinement, l'élégance, la bonne exécution et la bonne éducation et, même si imparfait dans ces domaines, je garde un œil très attentif dans l'accomplissement de mes actes, décisions, attitudes, comportements, relations, apparence, instruction à chaque instant du quotidien.

Je ne conçois pas et refuse de me « laisser aller » à quelconque négligence, vulgarité sans réagir. La passivité me rebute, c'est un gâchis de soi, un luxe de nanti.

Ce n'est ni du snobisme ni de la prétention, mais c'est simplement dans cet état d'esprit que je me sens bien, moi-même. Sans forcer pour autant mon naturel, je veille à ne pas déborder du cadre que je m'impose mentalement et physiquement, cherchant demain à ne pas réitérer mes erreurs d'hier.

A l'origine plutôt honteux, mal à l'aise et complexé en société, issu de la classe moyenne (même si mes parents ont toujours choyé leur fils unique en me donnant une bonne éducation, la notion de la valeur des choses et un confort sans bavure) je n'ai pas été élevé dans un environnement bourgeois, alors je vis l'accession à ces nouvelles expériences qualitatives, hédonistes de « classe supérieure » comme des instants uniques, enivrants, des sensations qui ne demandent qu'à être renouvelées.

Beaux hôtels, restaurants étoilés, belles boutiques, on imagine ces lieux privés, réservés à une certaine élite, inaccessibles ou interdits, les enseignes impressionnent et, pour ne pas être coutumier du milieu, il faut s'armer de courage pour oser en pousser la porte qui finalement s'ouvrira d'elle-même (il y a toujours un portier !) sur un monde de tolérance dans la recherche de l'excellence et de l'harmonie.

J'aime cette sensation, la connexion intime à cet univers.

Ce luxe, j'aime le recevoir, mais c'est aussi celui que nous aimons partager, offrir à la clientèle de notre hôtel, la tolérance vient de la diversité des origines de nos clients, de leurs habitudes et modes de vie. Un panel mondial fréquente notre établissement et chaque culture apporte son lot de différences culturelles qu'il faut gérer et adapter afin que le client se sente le mieux possible.

Les années passent et j'aspire maintenant à un certain confort que le résultat de nos efforts, notre travail m'autorise, ou le devrait...

Je vis dorénavant comme un rêve, fini les « à moitié » ou bien « à la place de » lorsque je fais quelque chose, je le fais pleinement quitte à prendre le temps nécessaire pour y parvenir.

Nous nous autorisons, planifions des expériences comme un voyage ou une belle acquisition par exemple et les vivons à cent pour cent lorsqu'elles deviennent réalisables.

Entre temps, mon esprit plane dans leur aura et m'apporte du baume au cœur ; j'ai appris l'attente, la patience et sa relativité, je savoure l'idée en sachant qu'elle peut m'échapper. Le moment venu, la magie opère, le rêve est au présent et à son apogée lorsque je peux le partager en famille.

Cet amour du beau est en relation directe avec la notion de famille. J'ai besoin de ce partage, de nous savoir ensemble à jouir du moment présent, c'est mon harmonie. Seul, je me referme, me rapetisse et la plupart de mes envies s'évaporent, je vis en sourdine.

On pourrait me croire matérialiste, certains le pensent mais se méprennent. Ma conception de l'acquisition dépasse la notion unique de possession. Tout ce qui peut s'acheter est agréable, agréable certes mais périssable, état dont je suis en pleine conscience. L'objet en lui-même n'est rien, ce sont les émotions qui s'y associent qui m'attirent et dont je me nourris, elles me transportent indéfiniment, libérant en moi certainement une bonne dose d'endorphine, source de bonheur et rassurante.

Tout est bien rangé soigneusement dans des boîtes que mon esprit ouvre et ferme au gré de mes besoins. Un simple flash, une fraction de seconde et une vague anxiolytique déferle dans mon corps. J'ai un besoin permanent d'être relié à un monde abstrait, onirique et il m'est souvent difficile de garder le fil d'une conversation. Un mot, une odeur, une image, un sentiment, tout me fait rebondir sur une nouvelle pensée et je « décroche » … Très agaçant pour l'entourage.

Ma femme dirait :

-« Je te parle, tu me regardes, puis rien ne se passe, aucune réaction… A croire que tu te moques du monde ! »

Loin de moi cette idée, c'est juste que je ne suis plus là, je suis allé me perdre dans ma tête.

La vie m'a tout donné, mon enfance heureuse, mes parents débordants d'amour et d'attention, ma femme, ma fille, ma carrière professionnelle toujours en évolution et la santé jusqu'à présent.

J'ai quarante-neuf ans et ne cesse de croire que la chance m'accompagne depuis toujours. Les épreuves sur le chemin de ma vie n'ont pas toujours été faciles, voire même parfois très difficiles, mais je m'en suis toujours sorti de la meilleure façon et chaque étape m'a poussé vers une autre alors insoupçonnée.

C'est en me retournant sur ce parcours que je réalise que tout est imbriqué, indissociable, interconnecté. Rien n'est advenu sans l'implication directe de l'étape précédente. C'est comme monter un escalier sans en apercevoir la marche suivante, il faut attendre l'apparition de cette dernière pour pouvoir y poser un pied. Cela en est même inquiétant, toutes ces coïncidences heureuses répétées ne peuvent être au bout du compte que le fruit du hasard. La vie est-elle pré-écrite, un destin auquel on ne peut échapper ? Y-a-t-il quelqu'un qui tire les ficelles, sommes-nous les jouets d'une entité supérieure ? Il me plait de croire que mes grands-parents disparus durant mon adolescence m'accompagnent à chaque seconde comme une bonne étoile.

Cela ne m'apporte pas de solution et d'ailleurs je n'en cherche pas, mais me rassure dans les moments difficiles et m'autorise à croire en moi, en mon lendemain, à garder l'espoir et ne pas renoncer. Il y a toujours un lieu où puiser la force qui nous manque, les sources sont multiples, à portée de main et savoir s'y rendre à bon escient est vital. Le passé nous a construit, je n'ai pas peur de me retourner pour y puiser dans ses fondations. D'une certaine façon, l'inconnu ne me fait plus peur. Je garde maintenant un certain sang-froid devant l'adversité, j'observe, j'attends que l'orage passe.

Je disais d'une certaine façon car les sept ans de ma fille aujourd'hui m'impose une responsabilité, des questionnements et une inquiétude qui m'oblige à anticiper et à relativiser ma réflexion.

Nous travaillons sept jours sur sept, de six heures du matin à vingt-trois heures environ. Nous ne savourons que peu de week-end et sommes obligés de planifier nos congés un an à l'avance car il faut anticiper les réservations pour fermer l'hôtel et pouvoir s'absenter.

Là où nous vivons, outre la nature, il n'y a pas grand-chose à faire et le peu de temps extra-professionnel dont nous disposons rarement, se résume à quelques heures par trimestre.

Nous vivons sur notre lieu de travail et n'avons guère le plaisir de nous sentir chez nous, de prendre un repas en famille sans devoir répondre à une demande X ou Y.

Il y a toujours un client qui souhaite que nous planifiions sa journée de visite, que nous organisions une location de voiture, d'autres qui arrivent ou bien qui partent, qui veulent réserver leur dîner et il est difficilement possible de se détendre, de déconnecter, de prendre un repas en famille, de faire une pause dans la journée sans rester sous tension.

Les moments de privilège, ceux que nous prenons plaisir à planifier, à penser, à rêver, sont notre unique échappatoire, notre soupape de décompression. Nous accordons donc une attention, un soin tout particulier à nos congés et le moment venu, tout doit être parfait.

Nous donnons de notre personne tous les jours pour le bien-être de nos clients et je ne tolèrerai pas la moindre écharde dans l'organisation de nos rares vacances. Je suis d'ailleurs devenu beaucoup plus susceptible, exigeant envers les prestataires de services que je ne l'étais auparavant. Être mal accueilli, servi, renseigné, est devenu rédhibitoire.

J'ai quarante-neuf ans et je suis heureux. Heureux et conscient de l'être, portant attention aux moindres détails pour n'en laisser échapper aucun. Chaque instant est unique et s'évapore pour laisser place au suivant, je vis le présent, je suis à l'écoute de la seconde qui s'enfuit pour l'éternité.

Notre Boutique hôtel est une réussite, nous l'avons construit en lâchant tout ce que nous avions pour y consacrer tout ce que nous avons : La confiance en nous, la détermination et certainement un gros brin de folie indispensable !

Il y a des moments de notre vie où tout peut basculer, du bon comme du mauvais côté.

Non par simple hasard même si la chance est un facteur de réussite non négligeable, mais par l'évidence d'une situation qui se présente à vous. Telle une rencontre, vous savez qu'elle ne durera pas. Trop de réflexion apportera trop de doute, l'intuition doit jouer son rôle mais il ne faut pas être trop joueur non plus sous peine de « laisser passer sa chance ».

Cela faisait dix ans que nous travaillions sur notre projet, nous l'avons pensé, nous l'avons construit et maintenant nous le gérons avec succès.

C'est une grande satisfaction, une expérience unique, la sensation d'avoir atteint une certaine quiétude, un but, la sensation de reprendre son souffle après une course effrénée.

Euphorie illusoire ! Ce qui est donné peut être repris.

A   suivre…

Par principe, il faut considérer que j'ai peur de ceux que je ne connais pas. Répondre au téléphone a longtemps été un calvaire et un message sur répondeur téléphonique accueillait systématiquement chaque appel. Je voulais savoir qui appelait et ne voulais pas risquer de décrocher le combiné et devoir m'exprimer sans y être préparé.

Entrer dans un magasin où il n'y a peu de personnes m'est très inconfortable, le fait d'être vu et potentiellement jugé me bloque.

Très souvent, lorsque l'on me pose une question, tout se bouscule dans ma tête, une tonne d'informations de nature parfois totalement différentes afflue en une fraction de seconde et c'est le vide qui m'envahit, je change d'attitude pour tenter de donner le change… Ceux qui me connaissent peuvent alors me trouver étrange.

Dans une conversation, je répète souvent ce que je viens de dire plusieurs fois, cela me donne un peu de temps pour ne pas perdre la nature de mon propos, mais devient vite barbant pour celui qui m'écoute, c'est comme si je pédalais dans le vide.

Cela crée en moi une forme de stress qui souvent me pousse à répondre à « côté de la plaque », le plus vite possible pour me débarrasser de cette situation encombrante au risque de dire le contraire de ma pensée et prendre de mauvaises décisions. Raison pour laquelle je ne suis pas un adepte des surprises qui de par leur nature, me prennent au dépourvu et me mettent mal à l'aise. Au restaurant, c'est toujours à peu près la même panique qui survient lorsqu'il faut passer commande. Même ma femme ne comprend pas ce que je veux dire ! Ce qui reste surprenant lorsque ma personnalité me pousse toujours à prendre les devants. Il faut dire que cette panique survient le plus souvent dans des lieux inconnus avec des inconnus, et n'a généralement pas d'incidence importante dans ma vie. Conscient de cet état de stress, j'ai appris à le canaliser et à me secouer les méninges rapidement pour reprendre le fils de la réalité.

J'ai par contre des facilités oratoires. Je peux avec beaucoup d'aisance traiter d'un sujet qui m'est familier.

Je me souviens lors de l'examen final de ma formation d'instructeur de plongée, avoir surpris mon auditoire au cours du débriefing que je devais assurer en fin de plongée. Mon père qui y assistait, est venu en pleurant me dire qu'il ne savait pas que je pouvais parler ainsi. J'avais plus de trente ans. Il était temps !

J'ai toujours été différent, à part, en marge d'une société « hypocrito-formatée » dans des idées de masse dont l'appartenance au troupeau m'a toujours donné de l'urticaire.

Je n'arrive pas à concevoir que l'on puisse se rallier à une pensée unique, enseignée selon un consensus, sans se poser ses propres questions et y chercher ses propres réponses.

Nous avons tous certes, dans nos sociétés occidentales au moins, succombé à la « moutonisation », difficile de s'y soustraire, mais tout de même, s'en abrutir aveuglément relève de la débilité !

Enfant, si le contact avec les autres m'attirait, l'idée de les aborder dressait cependant une barrière, un frein à mon élan de communication. Ce n'était pas vraiment de la timidité, c'était une sensation interne contradictoire, quelque chose qui vous pousse et vous tire en même temps.

Leurs goûts et jeux m'étaient étrangers et ce décalage permanent qui m'isolait de ma génération me rapprochait de celle de mes parents avec laquelle je me sentais plus en phase.

Mais mes pensées n'étaient pas celles d'un enfant de mon âge, ce qui était souvent difficile à comprendre pour un adulte.

Déconnecté de ma génération, incompris ou peu des plus anciens, une solitude intellectuelle et physique a fait son chemin et est devenue ma meilleure compagne au fil des années ; comme un refuge, une complaisance, l'assurance de ne pas être déçu ou raillé d'un complexe de rien, probablement d'infériorité, mais qui m'effrayait, me paralysait.

La peur des autres, la peur d'échouer, se confrontaient à mon insatiable besoin de les voir. J'avais besoin d'eux, je les enviais, souhaitais partager leur vie, mais ne pouvais les comprendre et finalement ressentais un certain mépris, produit d'une forme de jalousie.

Je ne pensais pas comme les autres et ma scolarité n'a pas été facile, peu de professeurs ont cerné ma personnalité, mes différences et mes relations en général étaient plutôt catastrophiques.

Je n'aimais pas les cartables, les sacs et je portais toujours un attaché-case que j'avais l'habitude d'ouvrir face à moi sur ma table lorsque j'arrivais en classe.

Cette barrière ainsi créée entre l'autorité et moi-même, je me sentais à l'abri de tout et me permettait de «somnoler» la tête à l'intérieur posée sur mes bras croisés. Je ne travaillais pas, mais ne dormais pas pour autant. J'enregistrais le cours mentalement et en saisissais l'essence qui me permettait de ne pas sombrer totalement. J'avais des facilités, des dispositions pour apprendre vite, retenir, les choses me venaient intuitivement, mais l'enseignement comme ceux qui le dispensaient m'étaient d'un ennui profond.

J'étais calme, réservé et non perturbateur, excepté cette attitude évidement insupportable pour un professeur. Pour un instituteur également ! Les problèmes ont commencé dès le Cours Préparatoire !

Les cours ne m'intéressaient pas, je n'y trouvais pas ou peu d'intérêt, j'avais le sentiment de perdre mon temps. Je captais cependant les informations qui m'intéressaient par-dessus mon attaché-case et les stockais dans ma mémoire sans éveiller l'attention. Lorsque le sujet me plaisait, je « m'éveillais », sortais de ma tanière, obtenais une bonne note puis retombais dans ma pseudo-léthargie.

Je n'ai jamais songé à faire l'école buissonnière, je n'étais pas directement un rebelle, je suivais les règles au mieux et ne voulais pas nuire à autrui et surtout pas à mes parents qui se morfondaient déjà suffisamment de me voir dans cet état, eux qui faisaient tout pour moi, mais n'avaient pas les cartes en main pour comprendre.

J'avais le souhait que mon état d'esprit, mon attitude attire l'attention, c'était un appel, j'aurais voulu que quelqu'un me comprenne, se dise que le système ne m'était pas adapté, que mes capacités réclamaient un autre regard, une adaptation ; mais à l'époque, le cadre enseignant ne se posait visiblement pas trop de questions et celui qui ne correspondait pas au moule était laissé sur le bord de la route. Il fallait être dans la norme, se conformer à la pensée collective. Quelle horreur !

Alors, de temps en temps, quand la pression devenait trop forte, je « pétais un câble » ! Submergé par l'accumulation de frustration, d'émotions, il m'arrivait de faire des crises de tétanie. Je me souviens de la présence d'un ami de mes parents qui s'en moquait en disant que je faisais du cinéma... C'était un enseignant, ça aurait pu être une psy !

Je revois le visage de mes professeurs et me souviens de leurs noms. Certains, je dois le reconnaître n'ont jamais baissé les bras et ont tout donné pour me sortir de mon isolement sans jamais comprendre que la nature du malaise provenait de mon inadaptation au système. Sans succès, Ils ont essayé, compris que je n'étais pas une mauvaise graine et ont mis de leur gentillesse pour tenter de me faire plier, mais le problème était ailleurs, plus complexe. Pour les autres enseignants, j'étais un fumiste, un fainéant.

J'aimerais les revoir aujourd'hui et leur dire à quel point ils ont été importants et ont marqué ma mémoire.

Si mes réactions à l'époque étaient inexistantes, mon esprit, lui, bouillonnait, se nourrissait de chaque instant. Leurs efforts n'ont jamais été vains ; ils ne le sauront malheureusement jamais…

Ils exerçaient leur métier sans aucun doute avec conviction, passion et avaient à cœur de donner sa chance à chaque élève.

Croire est aujourd'hui ma philosophie, mon mode de vie. Je ne me donne alors pas de limite.

Mark Twain a dit : « Ils ne savaient pas que c'était impossible, alors ils l'on fait ». Que peut-on ajouter à cela, peut-être le fait que, si l'impossible devient faisable lorsqu'on l'ignore, y adjoindre la conscience dans une discipline intellectuelle pourrait en décupler les opportunités de le surpasser.

Si mon état d'esprit reste le même que dans le passé, l'expérience de ma démarche de tous les jours en a bousculé les limites et la prise de conscience de mes ombres, leur reconnaissance et acceptation, illuminent aujourd'hui ma vie.

Il faut apprendre, apprendre des autres, des fautes et réussites de chacun, y compris des siennes pour ne renouveler que ce qui mérite de l'être. Il faut développer sa capacité d'expertise, savoir rester humble, ne pas se croire supérieur. Etre surdoué facilite la disposition à se sentir meilleur que les autres, mais il faut rester vigilant, jouer juste. L'harmonie est un tout, un équilibre dont les mauvaises choses comme les bonnes ont leur raison d'être, elles sont la base sur laquelle se construit notre esprit, et renforcent notre mental.

La vie est une lutte de tous les instants et il faut se battre continuellement pour s'en sortir, pas toujours indemne certes, mais victorieux ou tout du moins en espérant l'être, les blessures sont nombreuses et certaines plaies ne cicatrisent jamais, mais le jeu en vaut la chandelle.

Au début, l'agressivité semble être la meilleure attaque et la fougue de la jeunesse nous fait foncer tête baissée par trop d'égo, d'arrogance, d'assurance, d'inexpérience. Les chutes font mal mais s'avèrent formatrices pour peu qu'on sache les accepter puis les comprendre.

Alors, avec le temps et l'habitude, même si l'on ne s'habitue jamais réellement, il faut apprendre à développer des stratégies, prendre du recul, observer, analyser les situations puis agir au moment opportun (ce qui évite d'ailleurs souvent d'avoir à lutter), savoir réfréner ses envies. Convertir le rêve en réalité, demande une pleine conscience de soi et une objectivité éclairée. Le rêve ne doit pas être à tout prix, il faut même avec une certaine flexibilité, s'en tenir aux plans initiaux et savoir dire non pour mieux rebondir.

On devient alors plus posé, réfléchi, mieux à même de prendre les bonnes décisions ou du moins les moins mauvaises.

Miyamoto Musashi, célèbre stratège et bretteur japonais du 16-17ème siècle, disait que l'on ne peut gagner une guerre sans être un homme de paix, qu'il faut manier le pinceau, les arts et s'adonner à la pratique de la musique pour pouvoir comprendre et manier le sabre.

La colère, l'arrogance, la méchanceté ne mènent à rien.

Dans une situation complexe, prendre du recul, observer, garder la tête froide est déjà une victoire sur soi-même puis sur l'autre.

L'être humain et sa médiocrité, dans son ensemble me consterne, m'indispose et m'insupporte.

Je n'aime pas les gens dans leurs généralités et les foules m'oppressent.

C'est un constat, celui d'une déception trop souvent essuyée.

J'ai voué toutes mes jeunes années à tenter de m'intégrer,

m'adapter, mais je ne me suis jamais senti de ce monde… leur monde.

Jouer, rire, courir, avoir des copains, se retrouver à la récréation, après l'école, n'était pas mon univers. Je les trouvais ridicules, puérils.

J'avais hâte de vieillir pour ne plus être un enfant et enfin vivre comme un adulte parmi les adultes, mais j'ignorais à cette époque que les imbéciles d'hier seraient ceux de demain, alors, plus tard, lorsque que j'en ai pris conscience et devant le fait accompli, je me suis finalement décidé à prendre le temps de m'attarder sur certains d'entre eux et de chercher à y voir autre chose que ce qui m'inspirait du mépris.

La beauté finalement réside en toute chose, en chacun d'entre nous.

Espérer des autres m'a valu la plupart du temps bien des déceptions, mais l'erreur était la mienne, elle était l'idée que je me faisais d'eux selon mon attente, mes exigences, sans me préoccuper de leurs propres identités. Nous sommes tous différents avec des points de vue pouvant être divergents et l'on ne peut demander à quelqu'un d'être ce que l'on voudrait qu'il soit.

L'équilibre réside en une répartition égale des forces entre les deux plateaux de la balance. Vouloir tout ramener à soi contredirait cette loi, briserait l'équilibre.

Il faut accepter l'autre, faire preuve de compréhension et de tolérance, bien entendu dans le respect des deux parties. L'équilibre se situe à tous les échelons de la relation.

Lorsque l'on est différent comme je le suis dans mon mode de pensée et affecté par la détresse qui s'y rattache, il est difficile de ne pas attendre des autres. Se faire comprendre est une recherche omniprésente qui implique indéniablement un interlocuteur.

Il m'a fallu me remettre en question, me tordre les méninges pour admettre que j'étais dans l'erreur et que j'étais le seul à pouvoir prendre la décision de changer ce qui semblait immuable.

Si j'enviais de mes camarades de classe leurs joies, rires, et aspirais à leur bonheur apparent, il ne m'était pas possible de me conformer à leurs comportements. Devant les remarques insistantes mais compréhensives de mon entourage qui m'encourageait à observer les autres et à les considérer comme des exemples, « Pourquoi tu ne fais pas comme untel ? Mais regarde les autres bon sang ! ». Ils n'ont fait qu'attiser mon besoin d'éloignement et mettre en exergue mes différences. J'ai bien tenté de «faire comme eux», mais à vouloir être comme tout le monde, ressembler aux autres, je ne pouvais me définir et affirmer mon identité.

Il ne suffit pas d'endosser un costume pour avoir l'air de… Mais même si l'habit ne fait pas le moine, une proportion non négligeable de gens a pris l'habitude de laisser croire ce qu'ils ne sont pas, parfois convaincus eux-mêmes de leur propre usurpation.

Exister, c'est vivre comme l'on est, ne pas chercher à ressembler à quelqu'un, accepter ses défauts, les comprendre et en faire des outils d'épanouissement de soi-même.

Exister demande des efforts intenses, colossaux, il faut avoir parfois l'impression de déplacer des montagnes, c'est un combat contre soi-même, contre la facilité qui s'impose naturellement, avec plus de séduction, de confort ; mais je n'aime pas me sentir sous contrôle, manipulé, dominé et je veux garder ma lucidité dans chacune de mes pensées, décisions et actes de ma vie sans me préoccuper des « quand dira-t-on ». Me mettre dans des situations délicates, inconfortables, ne me pose pas de problème et renforce même ma détermination à poursuivre dans la voie de mon choix.

Défaut ou qualité, la frontière est bien trop subjective. Je préfère les considérer comme des traits de caractère sans avoir à les étiqueter comme le bien ou le mal.

Le mal, c'est lorsque l'on nuit à autrui, ce qui est inacceptable même au moindre degré.

En dehors de ce cadre, orgueil, égoïsme, ambition et autres peuvent avoir des influences positives essentielles, voire fondamentales.

Accepter les différences des autres c'est d'abord s'accepter soi-même, se respecter. Comprendre les autres c'est d'abord se comprendre soi-même. C'est un long chemin, une réflexion, une recherche perpétuelle, une remise en question permanente. Il n'y a qu'une seule vérité, on pourra toujours trouver toutes les excuses ou raisons possibles pour échapper à ses responsabilités, la vérité et son objet ne feront toujours qu'un. Alors inutile de se mentir, ni à soi ni aux autres, le mensonge est une conséquence de la peur et vivre dans la crainte ne mène nul part. La clairvoyance, bien souvent plus aiguisée envers l'autre qu'envers soi-même, nous laissera, par la délicatesse ou l'indifférence de notre interlocuteur, raconter nos affabulations avec un petit sourire compatissant, un acquiescement de la tête.

Il est un bien piètre plaisir que de se satisfaire d'avoir trompé l'autre.

Avant dix ans, mon oncle m'avait offert une marionnette à fils, un canard fait de bois, cordes et plumes jaunes, un croisillon à quatre fils, tête, corps et pattes. Je le faisais sortir d'un sommeil profond, danser puis se rendormir au rythme d'une chanson de Stevie Wonder (Hottest than July) et mes spectateurs étaient systématiquement sous le charme. Mes parents ont donc eu l'idée de me mettre sur scène lors d'une soirée d'un nouvel an qu'ils avaient l'habitude d'organiser pour un grand nombre de personnes dans une salle des fêtes. Mon père m'avait fabriqué une mini scène avec un fond noir et s'occupait de la musique. Derrière ce fond, je devenais invisible, les regards se focalisaient sur l'animal qui prenait vie et se déhanchait au rythme de la musique et m'oubliaient le temps d'une chanson. J'étais heureux, j'y prenais du plaisir… De fils en aiguille, je me suis fait repérer puis solliciter régulièrement pendant presque dix ans pour des comités d'entreprises aux périodes de fêtes de fin d'année ou des soirées cabaret avec toujours le même succès. Mon numéro avait cependant évolué depuis le début, la scène s'était modernisée avec un plancher lumineux, un rideau avec des décors différents que je changeais entre chacune de mes cinq prestations, cinq marionnettes différentes, enfin six car il y avait un duo, de canards encore, mais sans plumes, fabriqués par mon oncle, l'homme du premier canard. Il m'avait également confectionné un rocker extraordinaire avec une guitare électrique. Il chantait et dansait sur une chanson de Johnny Hallyday (L'envie) et finissait son tour de chant en attrapant le micro et en se couchant par terre. Il y avait également un clown, qui ouvrait le spectacle allongé sur un piano sur un air de cabaret et une fourmi qui dansait la danse du ventre sur une musique tahitienne. Le public était comblé et ne tarissait jamais d'éloges ! Mon père à la technique, ma mère aux éclairages, une histoire de famille en somme.

Mon numéro durait une vingtaine de minutes mais l'on ne «m'embauchait» parfois que pour une ou deux séquences pour le même prix; une bonne affaire!

Les cachets financeront une bonne partie de mon matériel de musique, organe vital de mon adolescence et me permettront de me constituer au fils des ans un home studio que m'aménagera mon père dans le sous-sol de la maison et où je passerai la totalité de mon temps, de mon adolescence, libre à jouer, écrire et composer.

Au gré des rencontres, j'ai été impliqué dans des concerts de lycée en tant qu'auteur compositeur interprète, puis par la suite en tant que concepteur du concert, organisateur et chanteur. J'ai fait quelques scènes avec mes chansons, c'était là ma place, mon refuge, seul face au public. Sous les projecteurs, submergé par la musique, seule l'obscurité me faisait face, le regard se perd dans l'infini et les sensations perçues à cet instant sont extraordinaires. La musique était mon essence et m'habitait où que je sois sept jours sur sept. Je mangeais musique, buvais musique et ne vivait que pour ça. Le matériel de sonorisation, les instruments me fascinaient, me faisaient rêver, l'odeur des composants électroniques lorsque je pénétrais dans le studio m'enivraient, j'aimais errer dans les magasins spécialisés, feuilleter les revues que je guettais avec impatience à chaque début de mois, je portais toujours un médiator dans la petite poche haute de mon jean et la boucle de ceinture sur le côté pour ne pas rayer ma guitare. Mais je n'ai jamais eu le courage d'en faire quelque chose. Certains dont ceux qui disaient que j'avais du talent ont bien essayé de me pousser et m'encourageaient à monter sur Paris mais j'avais honte de mes textes, de mes musiques et c'est toujours le cas aujourd'hui.

Dans mon entourage, beaucoup écoutaient du « rock », des références anglaises, alors que je me passionnais pour la variété, les chansons françaises à texte, ce qui n'a fait qu'augmenter mon complexe.

C'était un rêve destructeur, il m'anéantissait, me labourait le crâne et j'ai vécu des moments difficiles où devant mon impuissance liée à une non volonté à le réaliser, il m'a fallu trouver parfois de bonnes raisons de continuer à vivre.

J'ai été sollicité plusieurs fois pour monter des concerts ou soirées privées jusqu'au jour ou en plein solo de guitare, pour le coup très rock cette fois-ci, un sexagénaire lourdement alcoolisé est venu m'hurler à la face :

-« Tu nous fais chier avec ta guitare en guimauve, joue nous la Java bleue ! »

J'ai terminé le spectacle mais ne suis plus remonté sur scène qu'à une ou deux reprises, très longtemps après, pour des auditions. Je n'avais pas le droit de m'exposer en imposant ma musique, de forcer quelqu'un d'autre à subir ma volonté. Il y a des choses que l'on ne devrait pas partager ; une bulle venait d'éclater. Il avait finalement peut-être raison cet homme, il était venu pour passer une bonne soirée et n'était pas satisfait. Offrir aux autres ce qu'ils attendent et ne rien attendre d'eux, c'est ce que j'ai compris. S'adapter à son auditoire, être à l'écoute des autres et non de soi, être capable de réagir, s'adapter. Un nouveau monde venait de s'ouvrir. La vexation avait été rude à avaler mais riche d'enseignement. C'est la raison pour laquelle il faut savoir se poser, laisser place à la réflexion avant d'agir, contrôler son égo, sans quoi je lui aurais surement fait avaler mon micro !

Etre sur scène me manque, cette sensation d'être seul devant une foule, être le personnage central d'une fusion entre le plaisir apporté aux autres, les autres eux-mêmes et la musique. Etre seul devant tous, focaliser tous les regards sur soi mais n'avoir le sentiment de n'être rien d'autre qu'un composant de l'osmose vécue, le pont, le véhicule, d'une connexion à l'harmonie.

Lors d'un concert en particulier, la magie de l'unisson s'est mise en marche sur l'une de mes chansons, le public était debout, les bras levés, toute la salle vibrait, nous avons tous été transportés par une extase partagée, les musiciens étaient emportés dans un tourbillon grisant et lorsque le morceau s'est terminé et que la scène retomba dans l'obscurité, le batteur a pris sur lui de se lancer dans un solo interminable et exceptionnel à l'issue duquel nous avons tous repris la partition aux solos de guitares. C'est une sensation indescriptible, extraordinaire, unique, les gens criaient de bonheur, de l'électricité vous parcourt le corps sous l'épiderme, c'était planant, nous venions de communier dans l'art, j'ai pleuré en coulisse.

C'était la même chanson que celle de la « guitare en guimauve », mais deux années plus tôt, dans d'autres circonstances et avec un autre public.

Rien n'est jamais acquis.

Ma tête, mon esprit me pèse, mon cerveau fonctionne comme un impitoyable scanner, toute personne entrant dans mon champs de vision, un quidam dans la rue, un vendeur dans un magasin, une relation, mes parents, ma femme ou ma fille, est systématiquement et sans interruption, décortiquée de la tête aux pieds ; tenue vestimentaire, prestance, caractéristiques physiques, manières, façon de s'exprimer, pieds, mains, apparence, mimiques, intellect compris etc. Tous ces détails transparaissent et me sautent aux yeux tels des diodes rouges clignotantes sur un écran de contrôle. Bien entendu, tout ce qui ne rentre pas dans mes normes, prend l'avantage.

C'est fatiguant, je voudrais parfois pouvoir souffler, poser mon regard sur quelqu'un sans qu'une analyse partiale soit effectuée, sans que des lumières s'allument. J'ai le sentiment d'être une machine, un androïde de ces films de science-fiction qui opère binairement sans pitié; bien, pas bien, bon, pas bon…

Fatalement, à ne mettre en exergue que les travers des autres, il est difficile de les regarder sans arrières pensées, méfiance, amertume, dégout, regrets, déceptions.

C'est peut-être d'avoir passé toute mon enfance à devoir m'observer, m'analyser pour tenter de me comprendre, me corriger ; tout ce temps à essayer d'interpréter mes différences, à chercher désespérément à être comme les autres qui a formaté mon esprit à cette analyse.

Si aujourd'hui je ne cesse d'affiner ma conscience de moi et de faire de chaque nouveau jour un pas de plus vers le meilleur, je n'ai jamais pu et ne souhaite pas m'intégrer aux autres. Je ne fais confiance à personne ou que très relativement. Cette méfiance, retenue, crée une barrière qui est souvent interprétée comme une attitude prétentieuse et hautaine, imposant une distance qui n'incite pas l'autre à venir vers moi et qui est au final une parfaite protection contre une augmentation relationnelle non recherchée.

Le monde m'oppresse et me refermer sur moi-même est ma façon de me sentir bien, protégé.

J'aime les gens, mais de loin.

J'ai composé, adapté mon fonctionnement à une vie en société, mais si je devais revenir à une condition standard, mon système nerveux n'en supporterait pas la charge. Je suis heureux comme je suis, dans mon monde, celui que j'ai édifié en résonnance avec ce qui m'entoure.

Concrètement, ma vie pourrait ressembler à une échelle dont les deux bras ne se rejoignent jamais. L'un serait moi et l'autre… les autres. De temps en temps, un barreau raccorde les deux bras pour en assurer l'équilibre général.

Je veux rester différent, je ne souhaite surtout pas me noyer dans cette masse névrosée et accablante qui semble ramper et se complaire dans la fange.

Parler, répondre à des questions, être souriant, faire bonne figure m'exaspéraient dans le passé. Bon, je dois reconnaître encore un peu aujourd'hui…

Peu aimable, ma tête reflétait mes pensées. On aurait pu dire en restant poli, que c'était une « tête de con » !

Je n'importunais pas les autres et n'aimais donc pas être importuné en retour. Mais le contact étant pour moi ressenti comme une agression, autant dire que je portais cette tête à chacune de mes sorties, ce qui me rendait en fin de compte peu sortable et populaire.

Je n'aime pas mentir, faire semblant et j'ai donc toujours eu l'habitude de dire ce que je pensais, ce qui évidemment n'était pas du goût de beaucoup, mais avec le recul, il faut bien admettre que tout cela manquait d'un réel savoir-vivre.

Il m'a longtemps été difficile de voir en l'autre ce qu'il avait de bon et beau à offrir, mais avec le temps et la volonté de lutter contre cette vision unilatérale, j'ai petit à petit forcé mon instinct à fragiliser puis émietter cette façade de plus en plus friable et à ne plus avoir de jugement préconçu sur quiconque sans avoir pris le temps de regarder derrière. Et derrière, il y a souvent de jolies choses.

Personne n'est parfait selon nos propres critères, et il est agréable de pouvoir passer un moment avec une personne « imparfaite » en sachant apprécier tous ses bons côtés.

Nous avons tous nos particularités qui nous rendent uniques et le plaisir de la découverte de nouvelles personnes est devenu un plaisir que je partage aujourd'hui avec nos clients de l'hôtel.

Ces relations fugaces nous épargnent trop de transparence, d'intimité révélatrice de traits de caractère et le partage d'expériences, d'idées, sous un minimum de retenue sont des instants que je partage maintenant avec un plaisir sincère. S'il fallait attendre des autres pour les apprécier, qu'ils soient selon notre volonté, nous passerions notre existence en ermite, reclus dans une grotte ; ce que je ne souhaite et ne suis pas.

Mais le cerveau est un outil dangereux et il faut sans cesse remettre les compteurs à zéro et se donner un bon coup de pied aux fesses pour rester vigilant et ne pas retomber dans la facilité.

Mon épouse

Nos années de vie commune nous ont quelquefois éprouvées. Le travail nous a maintes fois séparé, je travaillais à trois cent kilomètres de notre domicile et ne rentrais que les week-ends, parfois pas lorsque j'étais de permanence une fois par mois. Nous partions au ski une semaine par an et en voyage sous les tropiques une quinzaine de jours. Un petit restaurant de temps en temps et tout se passait bien selon notre budget. Lors de notre mise en ménage, nos parents réciproques nous avaient aidés à nous installer et nous filions ainsi un parfait amour « comme tout le monde ». Puis le temps érode les habitudes, émousse les lames les plus aiguisées, les nerfs s'échauffent, être employé d'une entreprise ou agent de la fonction publique est parfois difficile, nos emplois respectifs étaient pesants, déprimants, sans issues, sans intérêts et il était difficile de rentrer à la maison sans en ramener leurs transpirations négatives et polluantes. Si l'on n'y veille pas, le mur se profile inévitablement à l'horizon… Et notre horizon se rapprochait dangereusement.

Vivre à deux représente pour moi l'union, le partage, le respect de son conjoint, l'harmonie. Dès notre rencontre, ma volonté et mon discours n'ont jamais cessé de prôner l'écoute et la parole, la nécessité d'exprimer ses sentiments au risque de déplaire à l'autre, mais ne jamais mentir, être honnête. Vivre dans le déni, la soumission, n'a pas de sens. L'amour ne s'enferme pas dans une cage, c'est un pacte, celui du partage inconditionnel.

Nous respections nos univers réciproques, avions nos activités qui pouvaient être communes ou différentes, respections nos besoins de silence, nos envies d'être parfois seul, étions à l'écoute de l'autre.

J'ai toujours souhaité son bonheur, il ne m'était pas concevable d'aimer, de vivre en sa compagnie sans lui permettre d'être heureuse, mais manifestement, rien n'allait plus très bien.

Nous avons cherché des solutions, je lui ai proposé de changer de travail, même pour un moindre salaire, l'essentiel étant de sortir d'un cycle obscur et destructeur qui avait déjà sérieusement commencé son travail de sape, mais nous venions de contracter un crédit foncier et fait l'acquisition d'un appartement rendant la décision difficile à prendre.

On préfère penser que c'est un mauvais moment et que d'ici peu tout ira mieux. Mais rien ne va mieux, bien au contraire. Chacun s'enferme dans sa vie et se met à suivre des routes parallèles. Nous vivions ensemble, certes mais dans des mondes différents. Il n'y avait donc plus de convergence possible, alors que faire ?

J'avais tant de choses à lui reprocher, tant de traits de caractère qui m'étaient devenus insupportables.

Mon cerveau reptilien percevait sa présence comme une menace, tous les voyants étaient au rouge.

Mais ma perception de la situation, mon point de vue étaient-ils réellement objectifs ? Où se situait la vérité, la justesse ?

L'objet de ma détresse était-elle la fatalité d'un couple qui s'use, une résultante inexorable commune à tous ceux que le temps étiole, une incompatibilité de nos deux êtres, le constat que ma femme n'était plus celle que j'avais épousé ou n'étais-je plus, moi-même, celui qu'elle avait épousé ?

Peut-on exiger puis reprocher à une personne que l'on aime de ne pas être comme l'on voudrait qu'elle soit ? Chacun a le droit d'exister comme il est, avec ses aspirations, ses effervescences et ses temps de pause, tant qu'il ne nuit pas à autrui.

Nous nous sommes séparés six mois

Elle me manquait et son absence est devenue bientôt plus amère que sa présence. Je me suis accordé le temps de réflechir et d'ouvrir les yeux.

J'ai cessé de la regarder comme une image sortie d'une imprimante, un compte rendu d'examen faussé par ma propre interprétation. Notre espèce a évolué depuis les temps anciens, et même si l'information reptilienne est un réflexe ancestral, j'ai forcé cet instinct primaire pour finalement réussir à la voir comme jamais je ne l'avais vu auparavant après toutes ces années à ses côtés.

Je n'appartiens à personne ou devrais-je dire, je n'appartiens qu'à moi. Ma moitié quant à elle, ne m'appartient pas, elle doit garder sa liberté, elle aussi, de s'appartenir. Nous avons chacun notre identité, nos différences qui nous rendent uniques et doivent être l'objet de notre attirance, non de notre éloignement. Nous avons parlé, puis repris la route ensemble.

Bientôt trente ans ; elle est de plus en plus belle, resplendissante, sa présence m'apaise, elle est une épaule sur laquelle je peux m'appuyer, une raison d'être, de faire ce que l'on fait, elle est une force, elle est unique, indispensable et une mère exceptionnelle. Elle est avec ma fille mon harmonie. C'est un bonheur immense, une rareté qu'il faut savoir reconnaître et apprécier à sa juste valeur. Il m'aura fallu des années pour en prendre conscience, la maturité de l'esprit étant sans aucun doute un facteur déterminant.

Il est tellement plus aisé de voir le pire chez l'autre. Le cerveau humain, selon des spécialistes, est formaté pour analyser les situations négativement. Il est plus évident de voir la bouteille à moitié vide plutôt qu'à moitié pleine.

Nos réflexes sont souvent défensifs, teintés de peur, probablement dus à notre animalité génétiquement codée, notre cerveau reptilien.

La peur est une résultante de l'ignorance, attiser sa curiosité, se poser les bonnes questions sans détours, repousser ses limites permet d'en retarder les effets.

La routine du quotidien, nos vies chronophages, occultent notre perception de l'essentiel et l'on oublie que chaque seconde vécue est une seconde perdue.

Plus nous vieillissons et plus l'espace-temps se réduit. On prenait le luxe de s'ennuyer d'hier alors qu'aujourd'hui tout va trop vite. Quel gaspillage, quel non-sens !

Si mon intellect est supérieur à la moyenne, je me dois de l'honorer et me comporter à sa dimension. Réagir comme d'ordinaire ne peut être acceptable.

Au début de notre relation, j'étais totalement fermé au monde extérieur et elle m'a fait comprendre que si mon attitude ne changeait pas, il ne serait pas possible de continuer plus longtemps.

Après tant d'années, je venais de faire un pas en choisissant de m'unir à une personne, je ne pouvais pas décemment faire marche arrière.

Elle a été un maillon des plus essentiels dans ma détermination à travailler sur moi-même et améliorer ma condition, elle m'a sociabilisé et est l'initiatrice de mon épanouissement.

Une personne venait de faire un pas vers moi, j'avais vingt ans, et je ne pouvais me permettre de gâcher ce à quoi j'avais rêvé depuis des années, juste parce que j'étais « différent », non disposé.

Depuis cet âge, je lui dois ce que je suis aujourd'hui.

Il y a un moment pour se répandre en complainte sur soi-même, ça, c'est très facile, puis un autre pour commencer à s'écouter, mais au travers de l'autre. L'autre est un vecteur essentiel à notre évolution, il est notre miroir, le réceptacle de notre âme.

Ces derniers temps, je lui ai fait part de mon sentiment concernant notre fille. Son comportement commence à me faire penser au mien il y a bien longtemps. Je ne veux pas me focaliser sur ce point, et laisse ma fille évoluer et grandir selon son rythme, ses attentes et le respect de son âge, mais j'observe pour être disponible le jour où le moment se présentera.

Mon épouse s'est documentée sans m'en faire part et a glissé dans ma liseuse un livre qui traitait du haut potentiel intellectuel en me disant qu'il serait peut-être judicieux que j'en prenne connaissance et en me précisant que cet ouvrage parlait de moi.

Je suis content, elle comprend maintenant après bientôt trente années de vie commune, que mon fonctionnement n'est pas un caprice, un mauvais caractère, mais une façon d'être, indépendante de ma volonté.

Elle me regarde certainement maintenant avec un œil différent lui aussi, plus ouvert, plus compréhensif que par le passé et j'ai l'impression que notre complicité ne fait que se renforcer, il nous reste, je l'espère de belles années.

Je   lui   dois   beaucoup.

L'humain par sa nature et son individualité n'a pas de lois. Lâchez les rênes et le naturel revient au galop ! On s'autorise parfois des choses lorsque l'on est seul que l'on ne ferait pas en présence de son conjoint ou en société.

Notre instinct grégaire nous a obligé à mettre en place bien longtemps avant notre ère, des lois, des codes, le respect de l'étiquette en fonction du lieu où l'on se trouve, des gens que l'on fréquente afin d'harmoniser cette vie commune, de créer une cohésion et faire que l'ensemble fonctionne.

Je vis sur une île des Caraïbes, un tout petit pays de soixante-dix mille habitants, une grande campagne en fait. Les gens sont incontestablement gentils et les étrangers sont les bienvenus. Si la population est d'origine africaine, nous ne ressentons jamais de racisme. La nature est exubérante, d'une rare diversité pour un si petit espace. Rivières, cascades, volcans en activité et sources sulfureuses, forêts primaires, pluviales ou nuageuses, perroquets endémiques, la mer et ses récifs, autant de décors époustouflants, d'activités exceptionnelles sur terre comme sur mer pouvant combler les plus exigeants (à condition d'aimer la nature bien entendu).

Le poisson est d'une fraicheur sans égale et les fruits sucrés au soleil.

Tous les matins, depuis notre restaurant, notre regard se pose sur notre propriété arborée de quatre mille mètres carrés nichée à cent dix mètres d'altitude, sur une colline, le « Mont piquant ».

La vue est saisissante, la mer s'étend à cent quatre-vingt degrés devant nous et les couchers de soleil sont à couper le souffle.

C'est un paradis, un lieu de quiétude que les alizés rafraichissent pour notre plus grand bonheur. C'est chez nous et c'est également ce que nous partageons avec nos clients.

La culture du pays y est rustique, les gens ne lisent pas (je ne blesserai donc personne), les grands auteurs sont inconnus, musiciens, peintres ne sont que des noms sortis d'une bouche étrangère, les gens ne se disent ni vraiment bonjour ni merci, au cours du repas, le couteau est souvent un accessoire superflu, le vin qu'ils affectionnent est outrageusement sucré, la cuisine française les fait rigoler ou les écœure, ils portent des bonnets de ski des années soixante sous 33°C à l'ombre, conserve sur le vêtement neuf, chaussures, pantalon, casquette, les étiquettes de fabrication que tout le monde généralement retire dès le retour à la maison. Je n'ai pu me retenir de rire lorsque notre premier constructeur, un homme aux alentours de la soixantaine, est arrivée un matin avec une paire de lunettes de soleil d'une marque très réputée avec sur l'un des deux verres, un autocollant doré arborant le logo du fabricant et qui couvrait les trois quarts du dit verre ! Impossible de voir au travers ! Il ne voyait que d'un œil !

C'était ridicule, mais faisant comme tout le monde, se conformant à la mode (je déteste la mode !) Il se trouvait « In, super branché ! ». Par chance, à notre époque le ridicule ne tue plus. Ça se saurait !

Pas surprenant qu'il ne soit pas en mesure de bâtir deux murs avec un angle à quatre-vingt-dix degrés !

La tenue vestimentaire des femmes est outrancière, la vulgarité est la nouvelle référence, se racler le nez en reniflant est devenu un tic généralisé, la notion d'élégance, le raffinement, sont inexistants et éructer après chaque ingurgitation fait partie de la rhétorique locale, la consommation démentielle de sodas aidant au processus ; c'est l'art de vivre via internet et les réseaux sociaux, sources intarissables de connaissances ! la référence ultime, la certitude que la vérité sort de l'écran du téléphone portable !

Alors le savoir-vivre, le savoir-être, sont très loin des considérations individuelles…

Chacun est libre de faire, de dire à sa guise. Tous les travers de la personnalité qui auraient pu être cultivés pour le bien d'autrui, ont été exploités jusqu'à en devenir des vices.

Lâche, hypocrite, fourbe, menteur, jaloux, fier et orgueilleux, le sens du devoir et de la responsabilité leur est complètement étranger (en général bien entendu).

Le manque d'instruction, d'éducation a généré un manque d'ouverture d'esprit considérable et la conviction profonde de détenir la vérité empêche toute forme d'échanges. Ils ont réussi à développer une incapacité d'apprendre inégalable, un refus catégorique de comprendre !

Ils ne commettent jamais d'erreur :

-« Cannot take the blame ! » est la solution à tous leurs problèmes, mais pas aux vôtres ! Dans les commerces, tout est à votre désavantage, les prix sont environ quatre fois supérieurs à ceux de la France, les garanties inexistantes et lorsque vous faites l'acquisition d'un bien à deux mille euros qui ne fonctionne pas, on vous accuse de l'avoir cassé en chemin et on vous plante au milieu du magasin en vous tournant le dos et vous ignorant.

Toutes les habitations sont identiques, l'intérieur comme l'extérieur, fabriquées dans le même moule. Décoffrées puis peintes, généralement carrées avec une petite coursive ornée de balustrades moulées du siècle dernier.

L'esthétique n'est pas une notion essentielle, le fonctionnel s'impose visiblement en unique critère.

Il semble que les arts, la culture, ne fassent pas partie de leur mode de vie. L'aboutissement, le perfectionnisme sont absents et mon œil souffre de cet inachèvement.

Les gens sont austères, les visages sont fermés, les enfants sont d'une froideur qui ne cesse de me choquer lorsque j'emmène ma fille à l'école. On ne ressent ni joie de vivre, ni considération pour l'autre.

Ils vivent sans conteste de l'essentiel, du strict minimum finalement mais peut-on appeler cela vivre ? Vivre pour l'être humain n'est-il pas de profiter de chaque instant, s'ouvrir aux autres, aux arts et à la culture, diversifier ses connaissances, apprendre ? Le rire n'est-il pas le propre de l'homme ?

Depuis les temps les plus reculés, on retrouve des fresques dans des grottes, des statuettes, les premiers hommes laissaient des traces, dessinaient, sculptaient, ornementaient, avaient la notion de l'esthétique, du côté magique que les arts peuvent suggérer. Les peuples se forgeaient ainsi une identité, il y avait des « modes », il est possible de dater certains objets à l'étude de leur style. Les arts, la musique, ont toujours été présents et ont évolué avec leurs créateurs selon leur destination, les courants du moment.

Mais ici… rien, ou presque. La musique est certes présente, mais en dehors du reggae, d'une sorte de bruit indigeste appelé « Bouillon » et de la musique locale -le Calypso-, globalement, il n'y a rien. Pendant quatre années au moins, une seule chanson « étrangère » montait du village, c'était un titre de Phil Collins, toujours le même.

A chaque aménagement des bâtiments de notre hôtel, notre équipe de construction s'étonnait du choix des peintures, de la disposition des meubles et nous trouvait, en nous couvrant de « waouh, you're smart ! », très créatifs lorsque nous utilisions un bois flotté en guise de support de serviette ou fixions des pierres au mur en guise de tête de lit.

Sur l'île, tous les magasins de bricolage, ameublement, c'est-à-dire trois ou quatre, vendent exactement les mêmes produits. Le choix est donc extrêmement limité et tout le monde achète les mêmes articles.

Pour l'hôtel, nous sommes obligés de nous approvisionner sur l'île voisine, une île française.

Le côté positif de ce dénuement, est que nous avons effectivement dû faire preuve de créativité en utilisant au maximum les matériaux naturels locaux et avons au final créé une structure hôtelière unique où notre « patte » se ressent dans chaque espace.

Il a fallu fabriquer jusqu'au support de papier toilette ! Des modèles uniques à coup sûr !

Les scientifiques mettent en corrélation chez le primate, la taille de son cerveau et la méthode utilisée pour trouver sa nourriture. Un singe qui ne mange que des feuilles a un cerveau plus petit que celui qui mange des fruits qu'il doit savoir identifier comme mûrs, lui-même ayant un cerveau de taille inférieure à celui qui utilisera une brindille pour récolter des fourmis dans la fourmilière.

Ce schéma très simplifié semble être le témoin d'une probable relation entre l'étendue des capacités et une certaine notion de l'intelligence proportionnelle à ces dernières.

Aux origines de la société, où la sédentarisation des peuples de Mésopotamie s'était imposée autour des terres fertiles du Tigre et de L'Euphrate, l'établissement des premières règles (point de départ de notre droit actuel) propres à la création et la gestion d'une communauté est rapidement devenu indispensable.

Depuis, la société n'a cessé d'évoluer, de se moderniser et devrait aujourd'hui, puisque nous sommes tous des primates, selon le schéma « taille du cerveau / capacités », quatre mille ans plus tard, pouvoir se targuer d'un potentiel de réflexion extraordinaire. Pourtant, les mangeurs de feuilles semblent être les maitres des lieux.

L'homme est un animal certes, mais nous avons développé des aptitudes à nous élever pour améliorer notre condition au sein d'une communauté et dans un monde en perpétuelle évolution, ce qui dans un sens nous différencie des autres mammifères.
Être à l'écoute et ouvert d'esprit, ne pas se contenter du minimum et se complaire dans un état donné, réagir, comprendre, travailler, s'adapter sont la clé de notre réussite et sa pérennité sans oublier l'honnêteté, la lucidité. A l'appel de ce cocktail, il est aisé de comprendre nos échecs. Le tout fait probablement beaucoup pour un seul homme, alors l'appliquer à plusieurs…

Toute personne – de genre masculin - qui se présente à notre domicile, ignore systématiquement ma femme, on ne lui adresse pas la parole, on ne la salue pas, elle reste le bras tendu en attendant inutilement que l'on veuille bien lui serrer la main. Pour une question ridicule, on lui demandera de m'appeler plutôt que de lui poser la question. Même en expliquant que nous sommes tous les deux les gérants et que nous sommes aptes tous les deux à prendre les décisions nécessaires, rien n'y fait, même après des années.

Ici, on catégorise les gens par leur couleur de peau et il est monnaie courante qu'une personne qui parle de vous, vous appelle « le blanc ».
Je ne m'imagine pas être dans une rue de France en compagnie de mon épouse, et m'exclamer de la sorte :
-« Oh regarde le noir devant nous comme il est élégant ! ».
Je ne suis pas certain que la personne concernée apprécierait le compliment à sa juste valeur. Et pourtant, ici, il faut l'accepter, ne pas s'offusquer et ne rien dire.
Nous ne ressentons pas de racisme direct, mais leur culture est ainsi. Un moins noir vous parlera d'un plus noir en le qualifiant de noir…

-« Va blanchir ta peau ma fille » recommandera une mère à son enfant en lui conseillant de procréer avec un blanc.
Ici, il est dans les habitudes de catégoriser l'autre par sa couleur de peau.
Je suis revenu très choqué d'un voyage professionnel en Guinée équatoriale. Il n'était pas possible d'utiliser les services d'un taxi non guinéen. La haine de celui qui venait d'un pays voisin était sidérante. Le chef du restaurant de l'hôtel où je logeais, originaire du Cameroun, me faisait part de ses difficultés à vivre dans ce pays et d'y exercer son métier. Au marché, par exemple, il était maltraité et n'avait pas accès à toutes les denrées.
J'ai également été choqué lorsque mon voisin avec qui nous entretenons de très bonnes relations depuis dix ans maintenant, m'expliqua que son fils qui était parti étudier dans une université américaine, avait des difficultés à s'y intégrer car les gens étaient racistes. Un peu interloqué, je lui faisais part de mon étonnement. Certes il y a des gens de toutes opinions, mais à notre époque, de là à en souffrir au quotidien… Il m'expliqua froidement, comme une évidence, que c'était la résultante de la discrète, lente, insidieuse et préméditée prise de supériorité des noirs dans le monde! Cela m'a glacé le sang et continue de me travailler les méninges deux ans après. Quel peut être finalement l'état d'esprit de mon voisin, sa vision de ma famille, de ma propre personne lorsque nous partageons de bons moments ? Me perçoit-il comme un ami, un aveugle docile, abuse-t-il de ma gentillesse, crédulité, tolérance en se disant que je suis une race vaincue, inférieure? Pour ma part, j'ignorais que nous étions en conflit, et pour quel motif, de quel combat parlons-nous?
Il semble que ce soit une guerre froide, unilatérale qui exploite la culpabilité que les blancs ont développée en regard des

évènements du passé, du poids de l'histoire et de ses regrettables conséquences.

Personnellement, la couleur d'une personne ne me préoccupe pas, j'ai toujours voyagé dans le monde et ai toujours privilégié les rencontres, les rapports avec les ressortissants de tous pays.

Sa remarque, au regard de ce qui se passe dans le monde à notre époque, me fait froid dans le dos.

Jamais avant mon expatriation, je n'avais analysé, ni même eu l'idée de le faire, les éventuelles sources des tensions entre des personnes de couleurs différentes.

J'ai compris aujourd'hui, de par mon expérience, que la couleur n'est pas directement en cause, la dissonance provient de la différence de culture, de notre mode de pensée parfois antagoniste, d'une échelle des valeurs différente. Dans chaque pays de ce monde, les sociétés évoluent de façons diverses, selon des critères divers comme l'histoire, les mœurs, les ressources du pays, le régime politique, l'industrialisation, les relations internationales, etc.

Les différences, encore les différences… Et moi qui suis différent de toutes ces différences ! La tâche est compliquée !

Lorsque l'on arrive dans un pays étranger pour s'y installer, qui plus est lorsque la population est noire et que vous êtes blanc, instinctivement, on se sent minoritaire et la tendance à interpréter, déformer la réalité, nous laisse le ressenti de ne pas être le bienvenu, on se croît victime de racisme, ce qui, dans mon cas, après réflexion, reste totalement infondé.

Je comprends maintenant ce que peuvent ressentir les populations étrangères habitant la France. Pour autant, cela n'excuse pas de se servir de ce ressenti, d'en abuser pour s'octroyer une certaine impunité dans des comportements asociaux et nuire à autrui.

Lorsque le pays de destination est moins riche que le pays d'origine, il est difficile de ne pas se sentir concerné par ce que les autres n'ont pas. Notre perception de la précarité, la pauvreté, résulte alors de la comparaison que nous appliquons à notre propre condition. Mon empathie pour les autres, mon besoin d'aider, de donner, me pousse dans cette direction. L'injustice, l'inégalité, me tordent les neurones, mais lorsque j'ai voulu offrir des chaussures, un ceinturon aux rastas qui marchaient pieds nus, se rendaient tous les jours du village à leurs « cultures » en montagne puis de la montagne au village en longeant notre propriété, ils m'ont fait remarquer qu'ils se déplaçaient ainsi depuis toujours et que ne pas sentir la terre sous ses pieds ne rimait à rien, quant au ceinturon, le bout de ficelle qui en faisait office était bien suffisant.

Preuve irréfutable qu'il ne suffit pas d'être instruit et sortir d'université pour avoir sa philosophie, une certaine sagesse, une intelligence.

Mais chaque fois que notre aide a été la bienvenue, nous avons été volés, déçus au final. Être gentil, aimant, respectueux, est considéré comme une faiblesse et le moindre faux pas dans ce sens vous en coûtera toujours le prix fort.

Contrairement au passé, cela n'a pas été un problème, je n'avais pas aidé l'autre pour satisfaire un besoin personnel, mais uniquement pour lui donner un coup de pouce, une bouffée d'air, l'opportunité de le sortir d'une situation inconfortable et de poursuivre d'un meilleur pas.

C'est sur le coup très décevant, mais la conséquence la plus triste est que j'ai développé une certaine froideur, un endurcissement à la bienveillance.

Une fois de plus, mon expérience, continue de creuser le fossé qui sépare les deux bras de mon échelle et les barreaux qui les rejoignent de temps en temps se doivent d'être toujours plus longs.

Un voisin taxi, sa compagne et leur bébé de six mois qui vivaient dans une cabane de quatre mètres sur trois, faite de tôles rouillées et de troncs d'arbre, sans eau et électricité, construisaient petit à petit, centimes après centimes, une « maison » en béton. Nous leur avons prêté de l'argent pour qu'ils terminent et puissent vivre dans des conditions un peu plus décentes. Nous avons été remboursés rubis sur l'ongle et leurs avons proposé de réitérer l'opération lorsqu'ils nous ont fait part de leur intention d'acheter un générateur d'électricité. Après achat et réduction à néant en trois mois de la machine pour utilisation trop intense et inappropriée, ils ont décidé de ne plus nous rembourser ce qu'ils nous devaient sous prétexte que le générateur ne fonctionnait plus. Il n'y avait donc plus de raison qu'ils continuent de rembourser leur dette. Lorsque je leur ai dit qu'ils se comportaient comme des voleurs, ils m'ont rétorqué que non, ce n'était pas du vol car ils avaient conscience qu'ils me devaient de l'argent !

Un autre voisin que nous fournissions en eau, cette dernière n'arrivant pas à l'altitude de sa maison faute de pression, a tenté de voler notre citerne d'eau. Pris sur le fait, je lui ai fait part sans agressivité et dans le calme de ma déception et l'informa qu'à compter de ce jour, il lui faudrait trouver un autre moyen pour s'approvisionner en eau.

Un gaillard de deux mètres de haut, bodybuildé et deux fois plus large que moi, une véritable armoire ! il s'en est allé dire dans le village que je lui faisais peur et qu'il n'osait plus me parler !

La faute ne vient jamais de leurs faits ou attitudes, ils usent et se complaisent dans le statut de victime. Tout est sujet à les offusquer, offenser, ils sont extrêmement susceptibles, la moindre situation est transformée pour vous mettre en défaut, vous faire passer pour coupable aux yeux des autres.

Le rejet de la responsabilité est systématique et l'on retrouve ce fonctionnement dans tous les types de relation que l'on peut rencontrer. Dans la construction, l'administration, les magasins d'approvisionnement, etc.

Nous avons dû nous séparer de notre premier chef de chantier (comme je le disais précédemment) pas uniquement pour ses incompétences, mais plus pour le fait qu'il nous facturait la main d'œuvre par personne un certain prix et, bien que nous préparions toutes les semaines les salaires pour chaque employé dans des enveloppes nominatives, se chargeait d'en ponctionner une partie pour son propre compte avant de les remettre aux personnes concernées.

Notre second chef de chantier que nous avions payé et qui avait monté toutes les tôles d'une chambre à l'envers pensait qu'il n'était pas responsable des inondations quantifiables en litres à la moindre pluie.
Je me suis résolu à tout refaire moi-même.
J'ai pensé qu'il avait eu pitié de me voir perché sur le toit lorsqu'il est venu m'aider.
Il m'a gentiment facturé son aide en fin de journée en me disant qu'il n'était pas obligé de venir!
Un sang froid à toute épreuve !
J'ai bien entendu refusé de lui verser le moindre argent, il m'a alors annoncé qu'à compter de ce jour, nous étions des ennemis ! Improbable !

Une voisine, lorsque nous construisions et louions une maison au village voisin, nous avait demandé de l'embaucher à notre ouverture.
Nous avons respecté son souhait et avons pensé à elle en premier. Elle est donc venue travailler pour nous… trois jours…
Il lui était impossible de passer l'aspirateur, un refus catégorique de toucher l'appareil, le balai selon elle étant suffisant.

Nous lui avons donc demandé de bien vouloir nettoyer les baies vitrées, mais l'utilisation d'un escabeau représentait trop de responsabilité.

Nous lui avons alors proposé de nettoyer les chambres qui se trouvent à vingt mètres de la buanderie lorsque soudain, nous l'avons entendu hurler depuis les chambres.

Pensant qu'il lui était arrivé quelque chose, je suis descendu rapidement et lui ai demandé ce qu'il se passait.

Elle m'appelait en fait pour que je lui descende un produit car c'était trop fatiguant de remonter pour le chercher !

Le balai se passait à une main, le téléphone dans l'autre en écoutant la messe.

Elle s'invitait à notre table pour le déjeuner avec sa radio bien entendu.

En fin de journée, il fallait la ramener chez elle car c'était trop long d'attendre un taxi collectif.

Les hommes ne font pas le travail d'une « femme ». Notre barman refuse systématiquement d'essuyer les couverts qui marquent lorsqu'ils restent humides.

Malgré nos explications incessantes nous devons tous les matins les remouiller puis les essuyer pour le service du petit déjeuner.

Refaire le stock dans les armoires réfrigérantes est impossible ; il vend une bière par exemple mais ne la remplace pas dans le réfrigérateur.

Gérer les stocks est donc une tâche cérébrale non programmée.

A aucun moment de la construction et encore maintenant dans la gestion de notre activité, il nous a été possible d'être avertis au stock d'alerte demandé. Nous sommes systématiquement prévenus de l'état lorsque le stock est à zéro.

Dans un pays où les approvisionnements sont un casse-tête, il n'y a souvent pas de ciment sur l'île, idem pour la farine, les boissons, le lait, etc. il faut attendre pour une durée indéterminée que la mer et la météo soient favorables, que le prochain bateau veuille bien débarquer sa marchandise puis que les douanes décident de bien vouloir dédouaner cette dernière pour qu'enfin elle puisse se retrouver sur les étagères d'un magasin.

Lorsque vous proposez un contrat de travail à durée indéterminée, c'est l'employé qui vous apporte le contrat rédigé par ses soins, selon ses critères, avec ses heures de travail, ses jours de repos, vacances et vous impose un salaire du double de ce pour quoi il n'est pas capable de travailler correctement jusqu'à ce jour.

Lorsqu'une employée, dans une situation délicate nous demande de confier la réparation de nos toits, post ouragan, à son mari charpentier et que nous acceptons en lui proposant une majoration de vingt-cinq pour cent de son tarif demandé sous condition d'effectuer le travail sous quinzaine, ce dernier qui bien entendu accepte sur le champ, finira par dissimuler toutes les connexions anti-ouragan indispensables au renforcement des charpentes, ne fixera pas toutes les traverses en bois à chaque connexion et ne fera que la moitié du travail dans le délai escompté. Une honte ! Mais il n'aura aucun complexe lorsque je le renverrai chez lui et finirai le travail seul.

Une employée qui travaillait les week-ends, avait toujours un motif pour ne pas venir travailler. Le plus souvent, c'était le décès d'un grand-parent (elle en avait visiblement beaucoup), mais la dernière fois c'était pour cause d'infection oculaire, sauf qu'elle avait posté sur les réseaux sociaux des photos d'elle faisant la fête au carnaval la nuit précédente !

Les femmes, les filles, notre fille même lorsqu'elle avait quatre ans, doivent porter un short moulant sous une jupe, au cas où quelqu'un pourrait voir !

Une vendeuse dans un magasin est venue me demander de couvrir mon bébé de cinq mois que je portais dans mes bras, car Il était indécent de voir un enfant en couche alors qu'il devrait être vêtu d'un short.

Sur la route, le chauffeur du véhicule derrière nous nous fait des appels de phares incessants, tente de nous doubler frénétiquement à plusieurs reprises, même dans les virages (ce qui est monnaie courante sur l'île) puis, lorsque après plusieurs kilomètres, nous ralentissons en pensant que notre véhicule doit avoir un sérieux problème, il s'arrête à notre hauteur, à cheval sur la voie en sens inverse pour nous explique qu'il est dangereux de laisser son coude dépasser de la fenêtre ouverte, qu'un camion pourrait me l'arracher. Nous l'avons gentiment remercié. Il ne portait pas de ceinture de sécurité et venait d'enfreindre plusieurs fois le code de la route et pire encore, celui du bon sens !

Nous avions une employée, une fervente chrétienne, ancienne nonne, que nous avons aidée matériellement et un peu financièrement après qu'elle ait tout perdu dans une inondation. Peu après, elle devenait invisible durant ces heures de travail et force était de constater que le travail n'était pas effectué. Personne ne savait où elle se trouvait.
Après plusieurs jours, je lui signalais avec diplomatie mon constat auquel elle rétorquait :
« J'étais en train de jouer avec ton chien !»
Puis elle a pris ses affaires et a quitté définitivement notre établissement sans autre forme de procès, en répandant dans la capitale que je l'avais maltraitée.

Notre électricien nous a exigé un solde de beaucoup supérieur à celui que nous étions censés payer lors de la construction. J'ai demandé le détail de son travail correspondant au montant réclamé. Il m'a répondu qu'il n'avait pas à se justifier et que je savais très bien ce que je lui devais!

J'ai payé sans faire d'histoire dans le but de ne pas en avoir, en lui rappelant tout de même qu'il devait me rendre mon matériel de plongée que je lui avais prêté il y avait de cela plus d'un an.

Il n'est pas descendu de sa voiture pour prendre son chèque, il a préféré envoyé sa compagne à sa place et je n'ai jamais revu mon matériel.

Ici, personne ne vous donne de document. Les assurances n'ont pas de contrat, qu'elles concernent les véhicules ou bien les bâtiments ou l'interruption de travail, il est impossible d'en connaître le contenu, les clauses.

Vous signez, payez, puis espérez que tout se passe bien !

Globalement, ils se gardent la flexibilité de vous dire qu'ils sont désolés et qu'ils ne peuvent rien faire en cas de problème.

Malgré cela ils prient et crient leur foi en Dieu haut et fort, tous les matins on prie à l'école, on lève la main droite et chante sa loyauté envers ses concitoyens et son pays, même si ce n'est pas le vôtre, chanter l'hymne national est obligatoire, s'arrêter de marcher à son écoute est obligatoire également, les fins de phrase s'ornent d'un :

– « si Dieu le veut », « Dieu te bénisse », etc.

C'est un paravent confortable dont la plupart des insulaires usent et abusent.

Notre fille est scolarisée dans une bonne école, l'enseignement y est dispensé avec sérieux et les résultats sont probants. Mais nous devons nous incliner devant un formatage intellectuel, forgé par un passé sans avenir dont les fondations ont oublié de s'élever au profit d'une pensée commune non émancipée. Nous baignons dans les vestiges de l'évolution de l'humanité.

Au pays du soleil, la lumière a souvent du mal à briller ; Voltaire y trouverait certainement plus d'un cheval de bataille.

Ils inculquent, imposent aux enfants depuis le plus jeune âge, des valeurs certes importantes, mais également et surtout des concepts, des dogmes qui ne leurs laisseront pas la possibilité de penser par eux-mêmes dans le futur, de se différencier, de développer une capacité de jugement, de discernement, un esprit critique et d'exister en tant qu'individu au profit d'une soumission fataliste ancrée dans les gènes, d'une réflexion annihilée par une routine cérébrale distillée quotidiennement et de par le fait, entrée dans les mœurs, convaincus de détenir la vérité, ce type d'éducation laisse plus ou moins le contrôle, le champ libre au(x) dirigeant(s) du pays.

Des versets de différentes religions jonchent les murs des cours de récréations de certaines écoles, les enfants baignent dans un enseignement à la fois entendu et sous-entendu.

Alors qu'ils se sentent très investis dans le fonctionnement de leur pays, ce qui est compréhensible, les conversations s'en retrouvent cependant souvent très limitées et il est délicat d'aborder des sujets comme la politique, l'économie, avec leurs tenants et aboutissants, la complexité de leurs rouages.

Les gens sont intelligents, là n'est pas le problème, mais l'instruction se limite aux enseignements des matières principales avec une culture générale pour ainsi dire inexistante.

Dernièrement, mon voisin me faisait part de son indignation : le gouvernement venait de décider de baisser le niveau requis dans certaines matières comme les mathématiques, aux examens.

Entamer une discussion, démontrer une situation en l'étayant d'exemples, de preuves tangibles dont ils attesteront d'ailleurs la véracité, nous ramènera systématiquement à la case départ en se disant – « oui mais bon… ».

On a le sentiment de baigner dans un monde d'adolescents, avec les idées reçues, les convictions et une notion des responsabilités propres à cet âge.

C'est très difficile à croire lorsque l'on arrive dans ce pays et impossible à percevoir pour un visiteur de passage, heureusement. Mais après dix années de démarches administratives, de construction et de gestion de notre hôtel, le seul constat est celui de l'illogisme, du « pourquoi faire simple quand on peut faire compliqué ». C'est un pays de non-sens.

S'intégrer dans la communauté est résolument impossible, non pas par la présence d'une barrière relationnelle, mais principalement culturelle, l'intégration serait une désintégration !

Nos modes de vie, de penser sont à l'opposés, il n'y a pas de codes et chacun à sa notion propre du respect et de l'amour à des années lumières de la nôtre. Tout se règle probablement en fin de semaine dans une église et avec un Dieu de leur choix, la main dans le bénitier.

Je n'avais jamais vu un tel degré de fierté transpirant autant dans l'attitude, ce qui généralement, selon mon point de vue, ne reflète pas l'intelligence. La façon de marcher, de se tenir, de parler, de regarder et le mépris qu'ils sous entendent sont dans la plupart des relations.

Ils nient toute responsabilité et lorsque le manque de compétence et de professionnalisme est notoire, il devient impossible de travailler avec eux.

On a l'impression d'évoluer dans une cour de lycée.

« L'élite », ceux qui pouvaient se le permettre, ont quitté le pays après le passage du terrible ouragan qui a dévasté l'île en septembre deux mille dix-sept, rejoignant ainsi définitivement leurs familles établies aux États-Unis ou en Angleterre. Vingt-cinq mille personnes sur les quatre-vingt mille ont fait le choix de l'exil.

Ceux qui avaient des commerces, des hôtels, constituent aujourd'hui la population principale de l'île avec la classe sociale restante, la moins favorisée.

Je n'aurais jamais pu auparavant envisager la possibilité de me retrouver face à une personne et n'avoir d'autre argument que la résignation devant l'incapacité à communiquer, d'avoir le sentiment d'être face un mur.

Il en ressort un désarroi sans commune mesure, la prise de conscience que le monde ne pourra jamais dormir en paix, la peur de comprendre pourquoi les luttes ne cesseront jamais et pourquoi ce qui s'est déjà passé pourra se reproduire à l'identique, l'évidence que l'homme n'apprend guère de ses erreurs, une sensation de solitude glaciale imposée par des différences, des failles que nous ne pourrons jamais combler. C'est un vide d'incompréhension.

La conscience, la consistance du néant.

J'imagine que les tribus primitives n'avaient pas d'autre solution afin de maintenir une cohésion sociale que de développer une hiérarchie et d'attribuer des tâches à chacun des habitants d'une même communauté. Cette cohésion pourrait être appelée harmonie.

J'ai longtemps pensé que l'évolution, le modernisme, la course au progrès, étaient des nuisances à l'harmonie, une corruption de l'esprit, la perte de l'essence de notre espèce et que le retour aux sources, à l'indispensable devait être l'unique option, solution pour recouvrer l'équilibre ; mais la prise de recul que m'autorise mon demi-siècle, mon cheminement au travers de ce dernier, la richesse acquise dans la diversité de mes expériences, aventures, incluant ma vie sous les tropiques ne font que mettre en exergue l'aberration de ma pensée première.

La nature est harmonieuse de plusieurs milliards d'années d'évolution et l'homme dans sa quête de toujours plus, n'en est qu'aux balbutiements de la sienne.

L'industrialisation croissante du monde et la surpopulation brûlent notre planète plus rapidement qu'elle n'est capable de se régénérer et produire. Il n'aura fallu qu'une centaine d'années pour faire basculer tous les indicateurs dans le rouge. Pourtant, nous vivons dans des conditions de confort, sanitaires, nettement supérieures à celles du passé ; la vie devrait être plus facile, plus agréable, plus durable.

Le progrès en lui-même n'est pas un obstacle, c'est ce que nous en faisons qui nous est préjudiciable.

Le monde est sous la coupe d'une poignée d'oligarques qui en toute impunité tirent les ficelles du pouvoir, de l'économie et des finances.

Ils soignent leurs intérêts sans se soucier de l'impact de leurs actions sur le futur et les générations qui le composeront, le rendement doit être immédiat et les dividendes substantiels.

Ils détiennent les commandes qui font la pluie et le beau temps et tels de bons bergers, mènent leurs troupeaux par le bout du nez.

Personne n'étant disposé à perdre ce qu'il a accumulé, thésaurisé, parfois avec beaucoup de difficultés tout au long de sa vie, la politique de l'autruche est bien souvent l'attitude que nous observons massivement par crainte de perdre nos avantages.

A quelque échelon de la société, l'homme se comporte de la même façon, c'est inscrit dans notre ADN.

Plus l'on monte en altitude et plus l'on veut d'oxygène, c'est bien normal !

A partir d'un certain âge, il est déjà trop tard. Nous avons mis le pied trop loin et trop longtemps dans le système pour pouvoir l'extirper sans avoir à se faire violence, s'amputer d'un membre. Qui souhaiterait se faire du mal ?

Les notions de démocratie, de république, les questions d'une économie plus verte, d'une gestion plus équitable, la prise de conscience de l'incohérence de notre époque où l'exercice d'un gouvernement régalien englué dans des protocoles monarchiques dopés à la fausseté outrageuse et digne des meilleures farces de Molière, ne seront malheureusement perçues et comprises qu'à partir d'une certaine échelle sociale dont la réflexion interpellera l'individu concerné au sein de la communauté.

Mais même identifié et assimilé, ce constat d'absurdité nous fera-t-il bouger, prendre des décisions ?

Je ne crois pas… Si chacun souhaite refaire le monde, bousculer des institutions obsolètes, argumenter jusqu'à fleur de nerf et défendre ses opinions, telle une utopie, les idées ne perceront que rarement le cadre du salon, du bistrot ou le repas de famille du dimanche. Le week-end exutoire passé, la routine hebdomadaire refermera les portes de nos esprits effervescents, la grande gueule étant rarement l'apanage des grands hommes.

Dans le passé, le peuple mourait de faim, de manque de tout. Qu'avaient-ils à perdre ? rien et les révoltes grondaient jusqu'aux révolutions.

Aujourd'hui, nous vivons pour la grande majorité dans un excès de tout, personne n'y risquera une miette.

Finalement, l'individualisme moderne nous isole dans l'indifférence, l'inconsidération et même le mépris de l'autre. C'est chacun pour soi.

Je me souviens, dans la résidence où nous habitions, croiser régulièrement dans le hall d'entrée des voisins des étages supérieurs qui systématiquement baissaient le regard pour éviter de dire bonjour.

Choisir d'être seul est une chose, subir la solitude par l'absence de considération est un malheur.

Nul n'ignore les efforts réalisés par les pays industrialisés pour améliorer la gestion des déchets.

Le tri sélectif par exemple est une procédure simple, établie, dont la visibilité colorée est censée être compréhensible de tous, mais il a fallu tout de même instaurer une police « verte » de l'environnement afin de verbaliser les contrevenants incapables de mettre le papier ou le plastique dans le conteneur correspondant.

Les mégots de cigarettes ont bien des difficultés à atteindre le cendrier qui leur est destiné.

Alors que je marchais sur le trottoir d'une avenue parisienne, j'ai reçu en pleine figure, poussé par le vent, l'intégralité du contenu d'un cendrier qu'un type sortant d'une boutique venait de balancer à pleine volée. Il ne m'a même pas regardé, alors de là à attendre des excuses…

Il a fallu instaurer des espaces fumeurs afin de ménager un air respirable dans les espaces publics avec loi et répression à la clé pour les récalcitrants.

Les valeurs n'ont plus de sens, le respect devenu un concept désuet.

Eduquer, sensibiliser les nouvelles générations est indispensable, mais difficile à justifier lorsque le pire réside dans le comportent « je-m'en-foutiste » des anciennes générations qui ne se sentent pas concernées.

Comment est-il possible en période de pandémie où l'hygiène et le respect des autres est primordial et mis en évidence dans la lutte contre la propagation du virus, qu'il y ait encore des gens suffisamment stupides pour prendre le trottoir ou la mer pour une poubelle en y laissant leurs masques usagés ?

L'incivilité est entrée dans la normalité, et faire remarquer sa faute à quelqu'un devenu à risque.

Il n'est pas nécessaire de vivre sur une île pour faire le constat de l'incivisme. L'humain individualiste du vingt et unième siècle a oublié la nécessité tribale cohésive indispensable à son équilibre. Les populations se sont modifiées en nombres, croyances, centres d'intérêt et autres phénomènes nouveaux à l'ouverture sur les autres, en isolant ainsi chaque individu au sein d'une même classe sociale obligatoire.

J'ai cependant le profond sentiment qu'il n'est pas trop tard, que l'éducation, l'information, déployées sur le long terme, forgeront une compréhension collective capable de rassembler les esprits dans une utilité commune, un intérêt public.

Mais les plans, les ambitions de nos élites souhaitent-ils que cette éducation populaire s'épanouisse réellement ?

L'harmonie est une quête sans fin et sans limite, qui s'inscrit dans le respect premier de soi-même, des autres et de son environnement, elle est l'acceptation des différences et des divergences d'opinion, elle observe mais ne juge pas, elle comprend, s'interroge et n'impose rien d'autre que la vérité dont nous devons sans hypocrisie nous soumettre.

La justice est l'affaire des hommes et nombreuses sont ses failles qui laissent à penser que sa vérité n'a de juste que la définition qu'on lui accorde.

La vie quant à elle, le temps, s'écoulent dans l'indifférence la plus totale de nos existences, la Nature nous est indispensable tandis que nous ne sommes qu'un fardeau, un parasite pour son bien-être et sa survie.

Que l'on soit bon ou mauvais, innocent ou bien coupable, il n'y a pas de justice, la vie trace sa route sans discernement, sans équité, l'existence est une lutte quotidienne imposée par le premier acte de la naissance et avec laquelle nous devrons composer jusqu'au dernier.

L'esprit est faible et fainéant, il ne tient qu'à notre volonté, notre discernement, compréhension, notre éducation de le contraindre, le discipliner à bien agir, à être bienveillant.

Le respect n'est pas une évidence, inné, il est la volonté de porter un intérêt à soi-même et à autrui, une valeur qui devrait être universelle, l'essence de la société et l'indispensable condition dans les relations ; pourtant, le nombrilisme semble être devenu le centre des intérêts communs de nos quotidiens stressés, angoissés, où chacun doit subir la pression sociale.

Établir des règlements, uniformiser les usages est inévitable et nécessaire au maintien d'un ordre social, d'une vie en communauté. Les codes nous imposent un cadre où les débordements sont sanctionnés ; un garde-fou contre les abus.

Si trop de rigueur semble parfois étouffer la liberté, trop de libertés fragilise la paix.

Compagnons discrets du quotidien, ils rythment ses partitions dans une poésie depuis le réveil jusqu'au coucher.

Chaque regard, contact, pensée, me rapproche, me rassure, me reconnecte à une urbanité absente du monde rural où je vis.

C'est un cap au bien-être, un phare dans la nuit, un repère dans l'oubli, une vigilance, un rappel à l'ordre, une étincelle de joie, un flash de bonheur régénérant dans les moments difficiles.

Raffinés, élégants, les garde-temps, les plumes des stylos portent l'histoire de leurs manufactures, ils sont l'achèvement de la minutie de l'artisan, du savoir-faire, de la patience, ils traversent les époques et leurs turbulences avec la même dignité, celle de leurs créateurs.

Tout au long de la journée, dans la poche, sur le bureau ou au poignet, ils vivent dans mon esprit comme les organes d'une sérénité fragile.

Le temps qui s'écoule n'a de cesse que de nous conduire à une mort inéluctable. Si le quartz des mouvements possède une âme sans vie dont l'effrayante précision nous rappelle à notre funeste destinée, la mécanique quant à elle, le balancement de son ancre au cœur des rubis sous le souffle des secondes, sont les gardiens du temps par excellence.

L'objet est animé et possède bel et bien une âme, celle que je lui accorde par ses pulsations, la patte de l'artiste et la palette des reflets variant aux nuances de la lumière changeante.

C'est une relation émotionnelle avec l'objet, un ressenti, une résonnance avec nos histoires communes, le souvenir d'un moment unique transmis par le toucher ou un simple coup d'œil.

Ce n'est pas quelque chose que l'on s'autorise tous les jours et l'acquisition est souvent marquée d'une occasion unique, renforçant le souvenir, l'émotion.

J'aime écrire, et si j'écris aujourd'hui, c'est pour ma fille et aussi satisfaire mon besoin de lui laisser une trace, peut-être un guide, la réponse à des questions, un héritage.

Dans le tumulte de la vie, on oublie ou refuse, par pudeur, peur du ridicule souvent, de se dire des choses banales que l'on croît désuètes, évidentes, inutiles.

J'essaye d'être attentif à toutes ces choses pour ma fille, en veillant à les doser bien sûr, mais ne pas rater d'occasion de lui dire l'essentiel.

Mais il y a des sujets qu'il n'est pas facile d'aborder et puis à sept ans, les préoccupations d'un enfant ne sont certainement pas celles d'un adulte, heureusement. Je ne veux pas lui voler son enfance.

Je ne sais le temps qu'il me reste, si l'existence me laissera la chance de lui parler, alors au cas où, j'écris pour elle.

J'écris à l'encre, j'ai toujours écrit à l'encre, à la main, j'ai besoin du contact avec le papier. Taper directement au clavier me donne l'impression de trahir, de manquer de respect à l'action d'écrire.

Les arts ont toujours été une composante majeure de ma personnalité, ils me fascinent tous et m'appellent sans cesse dans leurs univers réciproques.

Je porte peu, le plus souvent pas d'intérêt à l'artiste en personne, mais plus à ce qu'il réalise. L'homme n'est que de passage, le véhicule d'un état, mais son savoir, son œuvre, son esprit restent éternels.

Ce qu'il créé produit des émotions uniques, ce qu'il est ne m'intéresse pas et risquerait d'altérer sinon briser la magie.

On me congratule souvent, me répète que je suis un artiste, ce qui a le don de m'exaspérer au plus haut point. Mon visage alors se tend, mes lèvres se pincent et je préfère souvent baisser les yeux et rester silencieux ou changer de conversation.

Les gens rapportent en général ce que je réalise à leur impossibilité à le faire. Impossibilité résultant le plus souvent de la non volonté ou du désintérêt à s'y essayer.

Je ne peux accorder de valeur à ces flatteries, même si j'ai parfaitement conscience qu'elles partent d'un bon sentiment.

Un artiste vit de son art, s'y plonge, s'en imprègne, vit sa passion et la partage. Ce n'est pas mon cas.

Pour ma part, je n'ai pas de domaine de prédilection, mon travail n'a aucune constance, je peux commencer un jour, puis finir une année plus tard. Je réponds à l'instinct, à l'émotion.

Je fais pour ressentir et non pour faire ressentir, c'est un acte initialement égoïste et la raison pour laquelle je ne peux me considérer artiste et ne veux pas en être.

J'ai besoin d'un contexte favorable, d'une disponibilité intellectuelle pour que l'envie surgisse, conscient de sa fragile existence. Combien de temps m'habitera-t-elle ? Impossible à dire, alors il faut être présent, toujours attentif et ne rien gâcher.

Les arts sont une excellente école de la vie.

La sculpture sur bois en particulier.

Il faut savoir prendre son temps, ne pas se précipiter, avoir le geste sûr, précis. Un seul écart et l'erreur est irréversible, le mal est fait. Il faut observer, choisir le bon angle d'attaque, respecter le sens des fibres du bois avant de poser le ciseau avec justesse, au risque d'anéantir le projet en une fraction de seconde.

Je garde toujours à l'esprit ces sensations dans mon quotidien, cette notion que tout doit être mis en œuvre à chaque instant.

Mon problème le plus récurrent est que les envies surgissent en nombre, il y a toujours quelque chose qui me trotte dans la tête et je n'ai malheureusement pas assez de temps pour satisfaire la demande. C'est très frustrant.

<u>Le dessin</u> :

J'aime dessiner au crayon ou à l'encre, en noir et blanc. Des paysages, des ambiances de rue, quelques visages ou personnages, pour beaucoup des sujets japonais. Amateur et collectionneur d'estampes japonaises de l'époque Edo, je focalise ma collection sur les œuvres d'Hiroshige et aime parfois laisser le crayon s'essayer aux traits de l'artiste.

J'aime le contraste dans le noir et blanc, ce panel subtil et très riche qu'offre l'association de ces extrêmes.

Je ne suis vraiment pas doué pour les visages, les pauvres femmes ont bien des difficultés à être féminines ! Mais la technique me fascine. L'enchevêtrement des traits, la révélation par les jeux d'ombres, de lumière, de la puissance d'un regard, restituer les émotions dans la sobriété est une expérience envoûtante.

Le dessin de styliste puissant et si explicite dans le minima, me captive beaucoup également, j'aurais aimé être dans la mode et sa création ; il m'est arrivé avec un immense plaisir de m'adonner à la couture, j'avais confectionné entièrement à la main une veste de kimono et un long manteau avec capuche.

<u>La photographie</u> :

J'ai fait l'acquisition d'un appareil reflex de qualité. Je veux pouvoir intervenir sur chacun des réglages à ma guise. J'aime les ambiances de rue, de ville, les beaux paysages et les lumières.

Sur terre ou sous la mer, je peux passer de longues minutes à attendre le bon moment. La présence humaine me gâchant l'atmosphère, il me faut parfois attendre une éternité avant d'appuyer sur le déclencheur.

Il m'arrive cependant de m'attarder sur un visage, une silhouette, si à cet instant précis, le sujet justifie l'émotion.

Je garde d'ailleurs toujours en mémoire ces clichés uniques et les sensations qui s'y sont nichées à ce moment.
Je ne retouche jamais une photo, considérant cette action comme destructrice de l'authenticité, de la vérité.

<u>La peinture :</u>
De temps en temps, j'aime peindre à l'huile, toujours des paysages. J'aime pouvoir reprendre la peinture, jour après jour et sentir l'huile figer les traits. J'aime travailler en épaisseur, superposer les couches et jouer avec les dégradés.

<u>La sculpture du bois :</u>
Initialement obnubilé à satisfaire mon intérêt pour la culture Maohi, j'avais finalement créé à une époque une micro-entreprise pour pouvoir diffuser mes créations (Polynesian Art Spirit). La culture polynésienne me fascinait et je sculptais des tikis, dagues cérémonielles, casse-tête et autres sujets sur le thème du surf également. J'avais d'ailleurs à l'occasion d'une vente aux enchères organisée par l'association des grandes marques du surf, fait un don d'une sculpture « trophée ». Une vague déferlante sur un socle sculpté, surmontée d'un tiki tenant une planche de surf dans le dos, le tout en bois exotique et incrusté d'os ciselé. Je travaillais effectivement l'os, que je sculptais et ciselais pour la réalisation de pendentifs. Mes clients étaient des particuliers amoureux des arts océaniques, mais aussi des clubs nautiques pour qui je réalisais des trophées lors de régates et courses nautiques diverses.

<u>Le modelage :</u>
J'ai eu ma période « Fantastique » et ai modelé à plusieurs reprises un personnage de la guerre des étoiles, Yoda. J'ai interprété également une gravure « heroic fantasy » de Christos Achilléos si mes souvenirs sont bons, un homme aigle

emportant une femme dont je suis d'ailleurs très satisfait, sauf pour le visage de la pauvre femme à qui j'ai finalement décidé d'attribuer un masque pour limiter les dégâts.

<u>Le travail du métal</u> :
Depuis peu, en construisant notre hôtel, je me suis familiarisé avec le métal et la soudure.
Notre emblème étant une tortue, j'ai eu l'idée et l'envie de réaliser une pièce grandeur nature avec les chutes de fer à béton.
Satisfait du résultat, j'ai réalisé une « Tour Eiffel » d'un mètre quatre-vingt que j'ai disposé en contrebas du restaurant. Ce dernier étant à thèmes, les clients qui dinent dans l'alcôve parisienne, jouissent d'une vue sur la Tour Eiffel depuis leur fenêtre !
La matière, la couleur et la forme des clous de maçon, ou clou à béton, m'ont séduit profondément, inspiré et l'idée de les associer pour former des corps m'a rapidement démangé. Tout de suite se sont imposés un colibri butinant dans une fleur d'hibiscus et une danseuse étoile effectuant une arabesque.
Je ne fais jamais de plan, tout s'organise dans ma tête, je n'y réfléchi pas consciemment, l'envie s'accroît de jour en jour jusqu'à « l'explosion ». Les gestes s'enchaînent alors dans un jet continu et il m'est difficile de lâcher ma réalisation avant de l'avoir achevée.

J'aime à m'essayer à toutes ces disciplines lorsque mon esprit me le permet, ce qui malheureusement est rare dans notre vie. La disponibilité de temps ne suffit pas, il faut une disponibilité intellectuelle, une liberté des sens et de l'esprit.
Les arts sont la liberté, un détachement, une évasion, un univers sans limite.

L'écriture rejoint cette délivrance, j'aime mon stylo car il me seconde dans mes pensées, il libère mon esprit, son aura facilite mon inspiration. Son équilibre est parfait, léger mais présent, il s'harmonise parfaitement dans la main, il est le prolongement de cette dernière, il est le témoin de mon âme.

La plume est superbe, faite main du plus beau des métaux précieux, son silence est d'or, elle glisse sur le papier et laisse s'égrainer les mots dans un flux continu.

De mémoire d'homme, l'écriture a toujours occupé mon esprit vagabond et les mots s'échappaient à la volée lorsque, plus jeune, ma sensibilité était à fleur de peau.

Si à l'adolescence, l'exercice de la musique m'a incité à composer et écrire mes textes (voir en fin d'ouvrage), rares ont été les résultats satisfaisants.

La recherche des mots, de la rime, était un frein, une contrainte, une entrave à la fluidité et la saccade rendait le tout médiocre.

Je n'arrivais pas à me contenter de rimes pauvres, il me fallait toujours rechercher la rime riche, parfaite, ce qui parfois n'est pas la solution la plus judicieuse. Mais j'avais le sentiment de blasphémer les mots et continuais donc à m'obstiner dans la fausseté et dénaturer la source. C'était surfait.

J'étais fasciné par certains auteurs dont la puissance et la limpidité du sens rayonnaient dans la simplicité des mots, des phrases. Comment arrivaient-ils à expimer autant de choses avec si peu d'emphase ?

Peut-être avais-je une dizaine d'années quand la mort a commencé à devenir le centre de mes préoccupations.

Je ne suis pas certain de son origine, peut-être le décès de ma grand-mère pour qui j'avais beaucoup d'affection ; celle que l'on porte à un parent, naturelle, évidente, celle que l'on ignore jusqu'au jour où elle s'évapore.

Nous passions beaucoup de temps ensemble et à l'instar de mes parents, mes grands-parents n'avaient que de l'amour à mon égard.

Elle est partie pendant la nuit. Mon grand-père s'est réveillé à côté d'elle au petit matin. Elle était morte, elle avait soixante-dix-huit ans.

Il s'est rappelé qu'à deux reprises pendant la nuit, elle avait posé son bras sur lui et qu'il lui avait dit:

« Mémé, laisse-moi dormir… »

Peut-être sentait-elle qu'elle partait ; était-ce un appel à l'aide ? Surement. Comment aurait-il pu s'en douter ? Rien ne laissait présager qu'elle allait nous quitter.

Durant cette nuit, je me suis réveillé car j'avais mouillé mes draps. J'avais douze ans ; des années que cela ne m'était pas arrivé et ne m'arrivera plus.

Mais cette nuit là, j'ai bien uriné dans mon lit. J'ai la certitude que mes muscles se sont relâchés en même temps que les siens. Elle était là, avec moi, elle est passée me voir, j'en suis convaincu.

Trente-cinq ans après, je revois toujours sa poitrine se soulever sur son lit d'adieu dans le salon du funérarium. Elle semblait respirer. J'étais assis à côté de ma mère et lui faisait la remarque :

-« Maman, on dirait qu'elle respire… »

Pourquoi vivre, à quoi cela peut-il bien servir, quel est le but de cette sordide fatalité ?

Je pense à mes parents, ma femme et surtout ma fille.

Chaque jour l'obscurité m'envahit à la pensée de la maladie, d'un accident ou de la mort de mes proches.

C'est tellement envahissant, submergeant, qu'il m'arrive de penser que s'ils n'étaient plus là, cette idée me laisserait enfin en paix. J'ai l'impression d'attendre le pire dans la peur qu'il survienne.

Bien entendu, je ne souhaite pas la perte de mes proches. Si la mort devait nous toucher, il me faudrait lutter contre cette décharge émotionnelle et, en ce qui concerne ma fille, je sais que je ne lui survivrai pas.

Sinon, quant à moi, j'ai toujours pensé être prêt, j'étais convaincu que je ne dépasserais pas les trente ans ! la vie m'a déjà tant donné que je m'attends à devoir payer ma dette un de ces jours.

Mais ma fille, elle, n'a que sept ans et j'en ai déjà quarante-neuf. Elle a encore besoin de moi, de me connaître pour se construire.

Il nous reste tellement de choses à faire ensemble, j'ai tellement besoin de la tenir dans mes bras, de sentir sa présence, entendre son rire, la regarder s'affirmer, évoluer, grandir et me réchauffer à ses sourires.

Nous naissons dans une solitude pour y mourir dans une autre.

Quelles sont les raisons qui nous poussent à vivre et lutter au quotidien pour assumer sa pitance, un avenir incertain au plus ou moins court terme fatal commun.

Pourquoi supporter des atrocités, des souffrances, méchanceté et haine, vivre en guerre, dans l'incertitude et l'angoisse… ?

Je souffre du malheur des autres, et le lot quotidien me suffit.

Je ne regarde donc que peu les journaux et autres sources d'informations anxiogènes qui, sous couvert d'orientations et manipulations politiques, nous distillent un spectacle à l'audimat record peu reluisant de notre humanité décadente.

Les tragédies érodent mon mental, les visages des victimes, réelles ou de fiction, de ceux qui souffrent me hantent jour et nuit pendant des jours et je baigne dans un quotidien d'incompréhension, d'absurdité qui minent mon moral.

Difficile de regarder un film sans pleurer !

La vue d'un animal mort sur la route m'affecte et je ne peux me débarrasser de cette vision que par un tressaillement de l'ensemble de mon corps.

La morosité habitait mon adolescence et mon entourage ne comprenait pas. Si je tentais de m'expliquer, les gens se moquaient, ne me prenaient pas au sérieux en rétorquant qu'un enfant de mon âge ne devrait pas avoir de préoccupations existentielles mais se contenter de jouer avec ses camarades de classe.

Je n'en avais pas.

La lourdeur du fardeau qui m'accompagnait m'enfermait jour après jour et seules la musique et l'écriture m'autorisaient à sortir de ma bulle.

C'est probablement la raison pour laquelle je n'arrivais pas à écrire comme je le souhaitais, devant la complexité et la profusion de sujets de réflexion, d'émotions, l'envie de bien faire, de dire sans trop se confier, la pudeur, entravaient mon exutoire.

J'ai cependant produit de belles choses à plusieurs reprises et éprouve toujours la même émotion à leur lecture… Enfin selon mon point de vue !

Lors d'une représentation de marionnettes, une dame a souhaité me rencontrer à l'issue de mon spectacle. C'était la Présidente du « Cercle poétique français » qui voulait me féliciter pour la poésie que dégageait mon travail et sollicitait ma présence à l'un de ses « Rendez-vous des poètes » annuels.

Mes parents lui ont fait part de mes écrits qu'elle a consultés avec soin et c'est ainsi qu'accompagné au violoncelle, je déclamais mes sentiments devant un auditoire manifestement touché puisqu'en larmes… Il faut dire que ma sensibilité n'a jamais été teintée de gaieté.

J'aime les instruments à corde, mais la profondeur des vibrations du violoncelle, laissant presque entendre le son d'une voix, est la parfaite essence pour accompagner un texte à l'oral, un soutien unique, mélancolique et puissant.

La mort, le brouillard, la pluie, la souffrance, les guerres, la solitude représentaient l'essentiel de mon inspiration.

A l'issue de mon cursus scolaire, je me suis spécialisé dans la maintenance d'invertébrés marins en aquarium et ai rapidement acquis une réputation dans le milieu.

Mon métier était celui d'aquariologiste, je travaillais dans les musées et développais des pépinières de corail en captivité dans le but de réduire les prélèvements dans le milieu naturel.

Cette profession m'a amené à travailler sur une nouvelle espèce de poisson marin présente sur le marché de l'aquariophilie (*Pterapogon kauderni*) et à mener à terme sa reproduction et le développement des alevins.

Une connaissance m'a incité à coucher sur le papier mon étude qui a tout de suite intéressé un magazine, et le mois d'après, mon article faisait la Une.

C'était la première publication mondiale de la reproduction menée à terme de cette espèce en captivité avec photos des alevins vivants.

Séduite, la rédaction m'a proposé le poste d'auteur et conseiller technique pour une parution mensuelle d'un article dédié aux récifs.

J'ai ensuite été sollicité par une autre revue pour y devenir auteur, conseiller technique et rédacteur en chef, fonction que j'ai assumée jusqu'à la cessation d'activité du magazine.

Il y a plus de quinze ans, j'avais éprouvé le besoin d'écrire pour moi et y avait consacré du temps, mais je tournais en rond, c'était compliqué, comme pour mes textes de chanson, les mots, les phrases, tout était un accouchement douloureux, une bousculade incessante, trop d'émotions, pas assez de recul, pas assez de conscience, trop de souffrance, trop jeune.

J'avais titré l'ébauche « L'homme qui vivait dans sa tête »...

Bref, j'ai mis le projet de côté et les années ont passé sans que je n'y repense réellement, mais l'acquisition récente de mon stylo à la plume de rêve, uniquement pour le plaisir, a réveillé des sensations passées, aujourd'hui libérées de leurs entraves.

La présence de ma fille et l'amour sans limite que je lui voue, est sans équivoque le moteur de ma motivation.

Écrit comme un livre, je voulais juste raconter dans cet ouvrage, une histoire, celle du commun et remettre les pendules à l'heure, revenir à l'essentiel et lui laisser une trace, un témoignage de ma pensée.

Ce stylo qui m'accompagne n'est qu'un objet, un produit du commerce, mais la valeur des choses n'étant rien d'autre que celle qu'on leur accorde, ma plume devient le diffuseur de mon âme et sera un jour la sienne.

Orgueilleux, narcissique, égoïste, fier et autres noms d'oiseaux, toutes ces entités m'habitent (comme chacun d'entre nous je suppose) et m'accompagnent au quotidien. Je n'en cultive cependant aucune, je les garde simplement à l'esprit comme les piliers de mon être et m'ériger dans une vertu.
De nature posée, silencieux, plutôt discret, je n'aime pas l'excentricité, m'exposer directement.
J'aime cependant être remarqué, que mon travail et ma personne soient appréciés. Il est important de se sentir aimé, reconnu, mais je n'aime pas les compliments, ils me mettent mal à l'aise et je préfère signer mon travail d'un pseudonyme. Être le spectateur du fond de la salle de mon spectacle est la place parfaite.
Avoir la confiance, le respect, la reconnaissance des autres est extrêmement important et les sentir, les savoir, suffit à ma satisfaction personnelle. J'aime savourer dans le silence, en coulisse, dans l'anonymat.
La compréhension, la conscience de soi, le choix de ses gestes, de ses mots conditionnent le futur. Leur ignorance est un handicap, feindre de les ignorer est encore pire. Toute action à une influence directe sur la seconde suivante. L'égo si puissant à se hâter obscurcit souvent notre perspicacité et pousse à la faute. Mais il est difficile à contrôler, il nous donne le sentiment d'être faible, de céder devant le plus fort et nous laisse un goût d'infériorité.
Cependant, la clairvoyance nous prouve le contraire, la réflexion et le sang-froid, l'observation et l'analyse nous laissent le temps d'apprécier l'instant, l'élégance veut que l'on ne blesse pas l'autre et que si son obstination dans le conflit

perdure, il est préférable de laisser croire que son point de vue est le meilleur.

L'intelligence prévaut sur trop d'orgueil.

J'ai exploité ma capacité d'analyse si astreignante au quotidien en un outil de sagesse, une arme contre la médiocrité.

La facilité est toujours tentante, séduisante, immédiate, alors je force mon esprit à ne pas faiblir. La fatigue ou la lassitude me laissent parfois passer mon chemin devant l'obstacle, mais ma conscience m'arrête et m'oblige à revenir sur mes pas, m'imposant l'effort. Quelques fois, que ce soit physiquement ou psychologiquement, je n'ai plus la force d'entreprendre et l'envie de baisser les bras est tentante, mais mon orgueil m'en empêche, si mon cerveau m'invite à la facilité, il ne tient qu'à moi de m'y opposer. Je suis le seul à prendre les décisions, rien ni personne d'autre que moi ne contrôle mon esprit, je suis mon propre maître et j'y mets un point d'honneur… non d'orgueil !

Dépasser mes faiblesses me procure une rage, une force au-dessus de mes forces et sa sensation de légèreté est rayonnante, irradiante, l'obstacle devient alors un allier et son franchissement une formalité. J'ai compris que la réussite dans la difficulté en facilitait sa compréhension et rendait l'analyse future plus affutée, performante.

Tout le monde commet des erreurs qui peuvent parfois coûter très chères. Les admettre, les assimiler et apprendre à ne pas les réitérer est une source d'éveil sans égal.

L'argent ne fait pas le bonheur…

… mais il y contribue, dit-on.

Etrangement, pour en avoir rencontré un certain nombre, je n'ai jamais entendu de nécessiteux se satisfaire de leur situation précaire et de leur condition financière.

Quitte à être malheureux, effectivement, me semble-t-il, il est toujours préférable de ne pas être en manque d'argent.

Cependant, le bonheur, dans son essence, réside en chacun de nous, en notre propension à générer des actions positives, en notre volonté à répandre le bien dans notre entourage, à faire de chaque jour un jour pleinement vécu, en notre capacité à discerner toutes ses petites choses dont la valeur discrète, parfois secrète mais terriblement essentielle paraît souvent inutile voire même invisible à celui qui ne se donnera pas la peine de s'y attarder.

On peut être riche de savoir, d'amour, comme l'on peut être pauvre d'esprit, mais l'argent n'a jamais rendu riche ou intelligent qui que ce soit.

L'argent cependant achète la liberté, une valeur inestimable que la société force à rendre de plus en plus inaccessible, attisant toutes les convoitises.

Dans nos sociétés occidentales, nier la séparation des classes serait d'une grande hypocrisie. Ceux qui vivent de peu ont tendance à envier les plus aisés, les jalouser et ne tarissent pas de médisance à l'égard de ceux qui sans nécessité d'ostentation, ne font finalement que vivre leur routine, leur quotidien.

A l'inverse, les plus favorisés sont à des années lumières de la réalité du peuple, de la masse. Ils ont leurs convictions, leurs certitudes sur les autres comme les autres en ont sur eux. Ils ont en commun le manque de justesse dans l'appréciation de leurs différences.

Particulièrement en France, gagner, avoir de l'argent, une bonne situation, posséder des biens, ne se dit pas, n'est pas perçu d'un très bon œil.

Les gens sont obtus, égocentriques, et trouvent généralement toujours oreilles favorables à leurs complaintes. C'est par ailleurs une force politique facile, celle du sentiment d'injustice, de la lutte des classes qui nourrit aveuglément l'amertume pour la dissoudre dans la haine et le mépris.

Philosophie prolétarienne consolatrice et rassurante, cette formule nous résigne à croire que le plus riche est moins heureux, justifiant aussi le vieil adage - le malheur des uns fait le bonheur des autres – la liesse succédant toujours à une décapitation, nombreux sont ceux qui se réjouissent, se délectent des déboires de ceux qui échouent, qui tombent d'un étage, ratent une marche. Pour preuve, dans une curiosité malsaine, la profusion de magazines à sensations aux titres toujours plus aguicheurs.

Le principe que l'on peut éprouver du bonheur par une jouissance autre que matérielle est une évidence, mais un minimum d'aisance financière offre tout de même une tranquillité, un confort, la possibilité de s'émanciper des contraintes du quotidien comme se loger, se nourrir, payer ses charges mensuelles, assurer la scolarité de son enfant. Cette aisance accorde du temps, la possibilité de jouir alors de l'essentiel.

Après un an et demi de pandémie de covid 19, notre hôtel est toujours à l'arrêt. Il n'y a plus de touristes sur l'île, les protocoles d'entrée ne permettant pas de visiter la destination. Il n'y a même plus d'avion ou ferry assurant la liaison.

Un an et demi que nous sommes bloqués sur l'île française voisine, impossible de rentrer chez nous. Nous logeons chez mes parents, c'est une chance dans notre cauchemar. J'ai créé une entreprise de peinture en bâtiment et tente de gagner le maximum pour maintenir notre hôtel en sommeil et assumer les charges. Mais s'il fallait se loger, nous n'aurions pas assez d'argent.

La situation est plus qu'inconfortable, peut-être désespérée, l'avenir nous le dira, mais à vivre au jour le jour pour assurer le quotidien, lorsque l'on a connu la réussite, qui n'était que la récompense de notre travail acharné, c'est extrêmement difficile.

Je ne souhaite à personne de vivre dans l'inconnu du lendemain, l'incertitude. Seul, je vivrais la situation différemment, mais de voir cette précarité s'imposer à ma femme et ma fille est insupportable. Pourquoi la malchance s'acharne-t-elle ainsi ? Je n'ai jamais souhaité être riche, rouler dans de grosses voitures, habiter dans de vastes maisons, mais de grâce, juste pouvoir assurer l'avenir de mon enfant et vieillir en paix avec le mien, ne me semblait pas être un rêve utopique…

Un tant soit peu aigri et pas toujours bienveillant, il nous faut sans cesse avoir un avis sur tout, apporter son grain de sel, se mêler, juger et revendiquer, se plaindre, contester, le tout emporté par la certitude de l'ignorant, l'insolente, et indécente décomplexion qui font la notoriété mondiale de l'arrogance française.

Impossible d'occulter les évènements liés à la pandémie de Covid-19.

Les politiques et leurs représentants, spécialistes et conseillés sont incapables faute de recul et de compétences, amalgamés d'intérêts spéculateurs et des pressions carriéristes, de prendre des décisions rationnelles à la barbe et au nez de tout un chacun. Manipulateurs d'une obsolescence que l'on pourrait suspecter de programmée, ils jouent de notre évolution vers un individualisme castrateur, de nos mentalités lentement déviées au gré des politiques de quelques bords qu'elles soient, d'un esprit de communauté au profit d'une division de la société pour un règne et une emprise totale sur le troupeau.

Et ce sont dans ces mains que nous remettons la gestion de nos existences, l'avenir de nos enfants.

On nous assomme de communiqués anxiogènes dénués d'objectivité, distillés par des prêcheurs « belle gueule » déguisés en costard cravate ou faussement négligés, mal rasés pour glaner et hypnotiser un auditoire toujours plus large et de plus en plus disposé à gober, ingérer et digérer ce qu'il prend systématiquement pour paroles d'évangile.

Il est amusant d'un certain côté mais plus majoritairement désolant d'écouter certains médias diffuser au prix d'une course à l'audimat, des informations erronées provenant de sources douteuses mais pouvant aussi avoir pignon sur rue, dont la relative véracité est occultée par le crédit d'un pseudo-journaliste qui oriente de son point de vue (ou plus objectivement ; celui de sa rédaction) un débat monologuiste truqué.

En étant certes excessif, j'ai presque envie de dire que tout est faussé, tout est mensonge. Notre monde actuel est illusoire. Je ne suis pourtant ni partisan de la théorie du complot, ni révolutionnaire dans l'âme, mais je ne peux que m'insurger contre la stupidité, contre le fait de devoir subir l'autre en permanence, accablé par son intolérance.

Il suffit qu'une décision soit prise en haut lieu pour qu'une large majorité l'adopte sans la moindre réflexion.

A partir du moment où quelqu'un se pose des questions sur ladite décision et ose se permettre la mise en doute de cette dernière, il est systématiquement montré du doigt et qualifié de complotiste, parfois avec agressivité.

Il semblerait que la remise en cause n'entre pas dans le cadre démocratique supposé la tolérer. Où réside le débat, le droit de tout à chacun d'exprimer ses opinions et d'être entendu et considéré ?

Lorsque l'on éduque un enfant et que l'on s'oppose à son souhait, on s'attache à lui donner une raison, à justifier le refus afin qu'il puisse le comprendre et l'accepter. Si la frustration reste inévitable, ce qui en soi n'est pas négatif, la justification quant à elle, annihile le sentiment d'injustice et renforce la confiance.

Je ne me satisfais jamais sans comprendre. Les questions impliquent des réponses compréhensibles, sensées et objectives.

Il faut être prudent quant au contenu de l'information et savoir choisir avec clairvoyance ses supports et origines tout en sachant garder ses distances. Chaque point de vue semble être la vérité s'il est correctement argumenté, l'éloquence a de nombreuses fois fait condamner des innocents ; mais la vérité et son sujet ne feront toujours qu'un.

Il est difficile pour des décideurs de revenir sur leurs décisions, de reconnaître leurs erreurs. Mieux vaut être discréditer sans perdre la face que de risquer la honte.

Aujourd'hui, le peuple n'est plus écouté, ni même représenté, nous sommes maintenant sous contrôle, privés d'une partie de nos droits sans justification probante et forcés d'entrer dans un labyrinthe inextricable. Les pions de l'échiquier sont toujours sacrifiés, les loups patientent toujours de plus haut, discrètement et attendent le moment propice pour fondre sur le troupeau.

La stupidité m'exaspère dans sa médiocrité universelle si répandue, la complaisance d'un confort passé dans les mœurs et devenu un dû dans l'inconscient collectif.

Insatisfait permanent, avide d'avantages défendus becs et ongles, l'homme dit civilisé du vingt et unième siècle est aveuglé par la peur de perdre ce qu'il a accumulé.

Moins les gens ont de moyens financiers et plus ils veulent posséder des biens de consommations inutiles quitte à s'endetter jusqu'à la perte pour un nouveau Smartphone, une belle voiture ou une télévision.

A notre époque et dans nos sociétés «crypto-scripturales », où les valeurs, le concret, deviennent de plus en plus volatiles, la monnaie papier continue cependant d'apporter le sentiment de confort, les soins médicaux, la culture, la possibilité de… Elle ouvre les portes, assure une sérénité, une quiétude quotidienne, la possibilité de rêver, mais jusqu'à quand ?

Et pourtant l'argent n'est rien, il n'existe pas, il n'est qu'un chiffre sur un compte, il n'a d'existence que quand tout va bien, L'économie peut s'écrouler et le château de cartes s'effondrera avec notre liberté et notre pouvoir d'achat. L'équilibre est précaire, tout ne tient qu'à un fils et à défaut d'objectivité, de volonté de prendre ses responsabilités, nous occultons nos vulnérabilités dans un bonheur factice protagoniste d'une vie tout aussi artificielle mais bien réelle.

Nous vivons dans un flux régulier d'inconscience noyé dans un schéma social que la famille et le travail rythment au quotidien.

La routine, les habitudes endorment notre lucidité mais la vraie vie quant à elle compte chaque seconde et les égraine inexorablement.

… Suite…

Maria, ironie du sort ou humour caustique pour un pays chrétien.

Maria est le nom qui a été donné à « notre » ouragan. Je dis « notre » car il n'a épargné aucune maison, aucun habitant.

Cet ouragan majeur qui a dévasté l'île du sud au nord a été classé en catégorie cinq faute d'avoir une échelle supérieure.

Des vents jusqu'à trois cents cinquante kilomètres par heure ont balayé le pays pour ne laisser qu'un immense amas de tôles, de boue, de charpentes éclatées, d'arbres brisés et un indescriptible champ de désolation.

Après la dizaine d'heures de furie, d'une ultime violence, les gens erraient sur les routes, hébétés, tels des spectres tout droit sortis de l'enfer ; certains avaient tout perdu, l'accumulation de toute une vie évaporée dans la tourmente, volatilisée, seule subsistait l'unique valise qu'ils tenaient à la main, d'autres quant à eux avaient perdu la vie, il y aura pas loin d'une centaine de morts, certains n'ont jamais été retrouvés, aspirés par les vents ou engloutis dans les torrents de boue et d'eau que les trois cents soixante rivières de l'île se sont chargées de charrier.

Plus d'eau courante, d'électricité, de communication, tous les réseaux ont été anéantis. Magasins détruits, effondrés, pulvérisés, infrastructures noyées sous un mètre cinquante de boue que les inondations et glissements de terrain ont laissée derrière eux.

Je venais de quitter le pays deux jours plus tôt dans le cadre de notre fermeture annuelle. Enfin des vacances !

Mon épouse et ma fille avaient par chance quitté l'île depuis un moment pour la France.

Le jour de mon départ, une tempête venait d'être annoncée et j'avais souhaité « bonne chance » à notre gardien Byam en plaisantant, certain qu'un simple coup de vent allait rafraichir l'atmosphère.

Nul ne pouvait se douter de ce qui se tramait à quelques miles nautiques d'ici, plus au large dans l'océan Atlantique.

Les systèmes à risque partent généralement des côtes atlantiques d'Afrique, aux alentours du Cap Vert.

Sous surveillance, rapidement identifiés, nous avons la possibilité de suivre leur développement, de les traquer au fil des jours via des sites spécialisés sur internet.

Mais un nouveau système dépressionnaire allait surprendre tout le monde et bousculer les prévisions. Un ouragan d'une puissance rare allait se former à vingt-quatre heures seulement de l'impact sur la terre, passant d'une simple tempête potentielle à un phénomène d'une violence sans précédent.

Vingt-deux heures, heure estimée du contact.

J'ai eu le temps de parler via internet à Byam, notre gardien, à dix-huit heures alors que les vents étaient déjà impressionnants.

Je voyais depuis la vidéo de mon téléphone les arbres se coucher dans notre jardin pourtant à l'abri, emmuré par les bâtiments.

J'ai raccroché en lui souhaitant une nouvelle fois bonne chance, mais cette fois-ci, le cœur n'était plus à la plaisanterie et je lui demandais de rester prudent, à l'abri sans prendre de risques, mêmes utiles.

Je n'étais qu'à une centaine de kilomètres de là, en famille chez mes parents, sur une île voisine, le soleil commençait à descendre sur l'horizon dans un calme le plus serein qui soit.

J'ai pris mon repas en compagnie de mon père et ma mère, cela faisait longtemps que je n'avais pas dégusté du saumon fumé et de bons fromages ! Un petit goût de bonheur !

Nous avons parlé de la situation à venir, avec beaucoup d'angoisse, sans savoir, en extrapolant et imaginant les différents scénarios, tout cela dans une relative sérénité, en faisant le constat de notre impuissance et se disant qu'il fera jour demain. L'ambiance était irréelle, improbable, comme celle peut-être qui baigne le condamné qui prend son dernier repas en sachant qu'il sera exécuté à l'aube du jour prochain.

Mais l'attente de demain sera longue et ce laps de temps durera une éternité, comme si les minutes s'étaient suspendues ou étaient peut-être même en train d'être aspirées dans une dimension parallèle et durant lequel le déchainement de l'enfer se délectera de chacune d'elles.

J'ai fini par aller me coucher vers vingt-deux heures.

Je n'oublierai jamais cet instant, allongé confortablement sur mon lit, la lumière allumée, je regardais le plafond dans une certaine quiétude en me disant qu'à cet instant précis, j'étais en train de tout perdre.

Demain, j'aurai probablement tout perdu…

Maison, travail, effets personnels et souvenirs, voiture, argent… absolument tout, le capital investi même aura perdu toute sa valeur. Qui serait prêt à racheter même une bouchée de pain, un hôtel rasé sur une propriété labourée, le tout répandu sur une île dévastée ?

J'ai fini tout de même par m'endormir, ma nuit n'aura été que de quelques heures.

Au réveil, bien entendu, aucun moyen d'avoir des informations, toutes les communications étaient coupées. Alors on se met frénétiquement à guetter les réseaux sociaux, habituellement indésirables et peu usités, dans l'espoir d'y trouver un signe de vie, la moindre nouvelle, un nom, une image, quelques mots.

Rien de spécial ne filtrait, le poids du silence, de l'attente prend alors toute sa mesure et vous écrasent les tempes, vous obsèdent ; puis petit à petit, heure après heure, puis minute après minute, les publications se sont mises à fuser de toutes parts.

Le déchainement avait été sans précédent, les routes étaient coupées, la centrale électrique hors service, les canalisations d'eau arrachées dans les effondrements, les glissements de terrain.

Des quantités d'arbres de plusieurs dizaines de mètres de long et mètres de diamètre, avaient dévalé les flancs de montagne, charriés par les rivières en crue et étaient venus s'encastrer dans les maisons comme l'on forçait avec des béliers portés par des dizaines d'hommes les portes des forteresses du moyen-âge, défonçant et balayant dans leur course tout ce qui se trouvait sur leur passage.

Des milliers de blocs rocheux avaient déserté leurs sommets pour venir combler les espaces vides jusque dans les villages.

Les voitures ressemblaient à des compressions de César, les unes au-dessus des autres, froissées comme du papier.

Tout était surdimensionné, on avait le sentiment que l'échelle de grandeur à laquelle nous sommes habitués avait été rompue.

L'homme était réduit à l'échelle d'une fourmi. Tous les hommes, des plus puissants aux plus indigents, nul ne pouvait s'y soustraire.

C'était un constat horrible, incroyable, mais j'y trouvais tout de même un certain réconfort à pouvoir obtenir des informations, de sentir qu'un lien subsistait, qu'une forme de communication était encore vivante…

Après trois ou quatre jours, la notion d'horreur est passée au degré supérieur.

On pouvait lire que les gens ne trouvaient plus de quoi se nourrir et qu'ils commençaient à manger les chiens.

Les pillages devenaient légions, les magasins étaient dévalisés, vandalisés.

Les gens se faisaient poignarder et étaient laissés gisants, agonisants dans les rues.

La vie prend alors une dimension tout autre, Il y a quelque chose d'absurde, d'irréel, comme un mauvais rêve, mais pourtant…

Toutes nos relations (enfin presque) françaises de métropole, nous ont téléphoné. Elles voulaient évidemment savoir si tout allait bien, si nous étions concernés et avions été impactés. Vous répétez alors inlassablement les mêmes mots à chaque appel et remerciez la ridicule mais gentille et compatissante fin de conversation :

-« l'essentiel est que vous soyez sains et sauf !».

Bien entendu que c'est le plus important, mais après…

J'ouvre une parenthèse :

Dans nos sociétés modernes, le futur a une existence, nous bâtissons l'avenir, le mariage nous incite à fonder une famille, on fait des crédits dont nous planifions les remboursements, on souhaite acheter une maison, une voiture, on organise, anticipe et faisons des projets, on souhaite le meilleur pour son enfant bien entendu, lui offrir les meilleures études, partager des voyages, etc.

C'est un mode de vie certes critiquable, superflu où nous gaspillons temps et argent au détriment d'aujourd'hui, de l'instant présent ; victimes d'une société de consommation toujours à la recherche d'une satisfaction de plus en plus exigeante et insatiable.

Mais ce serait un raccourci trop facile que de se satisfaire de cette vision simpliste.

Belles paroles, philosophie de l'hypocrisie.

L'ambition est-elle une tare, le visionnaire un sorcier à jeter au bucher, un pestiféré ?

Je ne regarde que peu la télévision et les plages publicitaires n'ont aucun effet sur mon désir de consommer. Je ne suis pas un gaspilleur et lorsque je fais l'acquisition de quelque chose, j'aime l'idée que je vais le garder et en faire usage longtemps.
Mais je travaille dur et prends des risques dans ma carrière professionnelle.
Prendre des risques, faire des choix mesurés au sacrifice du confort présent avec l'objectif d'améliorer le quotidien de ma famille, pérenniser notre avenir et en priorité celui de ma fille.
Penser au prochain voyage que nous partagerons ensemble, à mes centres d'intérêts, mes plaisirs et envies, ne me semble pas excessif non plus. Dans les situations difficiles, quand on donne de sa personne, que la privation, la frustration se conjuguent au quotidien, il est important, voire essentiel de ne jamais oublier qui et ce que l'on est, de ne jamais faire l'impasse de soi.
J'ai toujours à l'esprit la valeur de tout, une conscience accrue du quotidien et de la richesse du temps qui s'écoule.
Fermeture de parenthèse
  -« l'essentiel est que vous soyez sains et sauf !».
… Puis après…
La responsabilité de la famille avec un enfant de quatre ans vous projette dans une triste expectative et la situation actuelle je peux l'assurer ne se vit qu'au présent, le futur ne prend alors qu'une dimension à court terme, à très court terme.
Il n'empêche qu'il faut s'organiser et essayer de trouver des solutions pour sortir de cette impasse et pouvoir faire face.
Vous étiez hier propriétaire d'un hôtel réputé pour être l'un des dix meilleurs de l'île et il n'aura fallu que dix heures pour vous mener à la ruine.
J'avais quarante-cinq ans.
Après trois années de construction « à mains nues », très difficiles tant physiquement que psychologiquement, après avoir terrassé, paysagé et arboré quatre mille mètres carrés de

propriété, nous venions tout juste de commencer l'exploitation de notre hôtel et aspirions à un peu de quiétude, de stabilité.

Mais le destin en avait décidé autrement et il a fallu composer avec, oublier la fatigue, la satisfaction du travail accompli, ne regretter ni l'audace, le courage ni la persévérance que nous allions devoir réinvestir une fois de plus.

J'ai pu me rendre sur place une semaine après la catastrophe, le lundi suivant.

Un pincement au cœur ; une photo du village où nous sommes situés, prise par les patrouilles aériennes qui recensaient les dégâts en photographiant toutes les côtes de l'île, m'avait laissé entrevoir les dommages causés sur nos installations, des trous noirs entachaient nos toits bleus, on ne voyait plus certaines portes, mais la résolution de l'image était basse et il était difficile de zoomer et se faire une idée précise.

Il me fallait donc me préparer au voyage.

Dans ces conditions, une fois sur place, il me fallait parcourir vingt-cinq kilomètres à pied, en plein soleil, en pleine chaleur avec un sac à dos chargé de nourriture, eau, clous et vis de cinquante kilos, un second de vingt kilos porté sur le devant puis un sac d'une dizaine de kilos à la main. Dans ces conditions, quelles étaient mes chances d'arriver vivant à bon port ?

Dans cet esprit, j'ai laissé un message sur le bureau de mon ordinateur à destination de ma femme et ma fille, au cas où...

Je suis allé acheter une bonne paire de chaussures de randonnée et surtout une machette !

Mon paquetage était prêt et j'ai laissé mes parents en ayant le sentiment de partir au front.

Une heure d'attente au terminal du ferry, la plupart des voyageurs étaient des militaires et des organismes de secours, humanitaires. Deux heures de voyages, une éternité pendant laquelle le cerveau ne cesse ruminer inutilement, mais comment faire autrement ?

A l'approche de l'île par le sud, je suis sorti sur le pont pour apprécier le décor, tenter de me rassurer. Mais les montagnes n'étaient plus vertes, un gris sale, triste, régnait du niveau de la mer jusqu'aux sommets les plus hauts et plus aucun arbre ne semblait subsister, rien que des squelettes. A mon arrivée, c'était un décor de désolation, le chaos après la dévastation, quatre-vingt-dix-huit pourcents des habitations avaient été touchées, beaucoup était mort, certains toujours disparus.

Le débarquement s'est effectué dans la zone des docks où des infrastructures temporaires avaient été organisées dans l'urgence.

Mais ma surprise a été de taille lorsque, ayant tenté de laisser un message à notre gardien Byam pour le prévenir de mon arrivée, j'ai vu mon voisin Victor au volant de ma voiture qui m'attendait !

Les gens alentours téléphonaient, avaient le sourire, les voitures circulaient dans les deux sens !

« Mais alors…. Si les gens téléphonent, c'est qu'au moins un opérateur continue d'émettre ? Si mon voisin est ici avec ma voiture, c'est que ma voiture est intacte et que les routes sont ouvertes ? Si les voitures circulent, c'est qu'il y a toujours du carburant de disponible ? On devrait pouvoir faire fonctionner le générateur ? ».

Victor et moi sommes tombés dans les bras l'un de l'autre. Quel bonheur de le voir indemne et de savoir sa famille saine et sauve !

Les questions se bousculaient dans ma tête, et les premières à avoir pris sonorité, concernaient les violences, la famine et l'insécurité.

Il m'expliquât qu'il n'avait jamais entendu parler de tout cela, que les aides humanitaires approvisionnaient les sinistrés, que les gens ne manquaient pas de nourriture ou d'eau, qu'il n'y avait pas eu d'agression au couteau comme décrites dans les médias, mais qu'effectivement, certaines gens s'étaient ruées dans les magasins pour les piller.

Sur le trajet, les engins de travaux, bulldozers, pelleteuses et autres grouillaient partout dans le paysage. Des excavateurs creusaient la boue pour retrouver, dégager la route. Une file, dans un sens roulait sur l'asphalte et l'autre, dans l'autre sens, roulait sur la boue compactée à plus d'un mètre au-dessus. Des voitures que l'on croisait n'apparaissaient que les toits.

Des fondations, associations humanitaires avaient approvisionnées en bâches bleues les habitants des maisons dont les toits avaient été endommagés ou s'étaient envolés, transformant ainsi le décor en une ambiance colorée moins sinistre.

Il fallait souvent rouler au pas, éviter, contourner les câbles électriques jonchant la chaussée et slalomer entre les poteaux couchés au sol ou menaçant de l'être.

En arrivant chez nous, à l'hôtel, notre gardien Byam avait pris les choses en main. Avec son frère Leon, constructeur de profession, ils avaient barricadé toutes les ouvertures telles portes et fenêtres avec ce qu'ils avaient trouvé dans les débris, empêchant ainsi quiconque de rentrer sans effraction.

Notre générateur ayant été emporté dans la tourmente, notre voisin Victor, avait tiré une rallonge électrique depuis le sien, à cent mètres de distance, pour tenter de garder le contenu de nos congélateurs au frais.

Notre principale employée, Marina, pilier indispensable au bon fonctionnement de notre hôtel, était là elle aussi pour nettoyer les lieux ; tous avaient été touchés par l'ouragan et avaient sans aucun doute d'autres choses à faire, mais avaient cependant pensé à prendre soin de notre bien, par respect pour nous.

Cela fait partie des plus belles récompenses que l'on puisse espérer.

Je ne pouvais souhaiter meilleur accueil que cette marque de respect, et me satisfaire de ce réconfort, de cette réponse à notre propre respect, celui qui au quotidien est le bâtisseur de l'harmonie qui règne dans notre établissement, que nos clients perçoivent et dont ils se réjouissent.

Mais, procédant à l'état des lieux et me retrouvant devant le fait accompli, il m'a fallu garder le sourire, relativiser et me réjouir de ce qu'il restait : arbres effeuillés, sans branches, tel des coton-tiges, pelés à blanc, couchés, certains bâtiments gisaient à ciel ouvert, les toits, projetées sur d'autres bâtiments, n'étaient plus qu'un enchevêtrement de métal, clous, vis et poutres démantibulées, d'autres s'étaient simplement volatilisés, introuvables. Les tôles, entre les mains gigantesques de la colère d'Eole, s'étaient déchirées comme de simples feuilles de papier. Chambre, réception, cuisine, notre habitation n'avaient plus de porte, les fenêtres avaient été pulvérisées. Les panneaux solaires et le réservoir d'eau chaude ainsi que les condensateurs des climatisations, pendaient sur leurs câbles et canalisations contorsionnés dans une souffrance suspendue, figée d'effroi. Des débris de verre jonchaient toute la propriété, une partie de nos charpentes avaient totalement disparu, d'autres fragments les avaient remplacées, venant de lointains voisins. Des tôles non identifiées, m'indiquaient par leur couleur, leur appartenance à une propriété située sur la colline voisine, distanciée de plus de cinq cents mètres au minimum à vol d'oiseau.

Comment de telles surfaces de matériaux avaient pu traverser une si grande distance sans jamais toucher le sol ?

Le sol était spongieux, on avait le sentiment de marcher sur un tapis de mousse, ce qui était plutôt agréable mais rendait la position verticale des arbres difficile.

En restant objectif, « cela aurait pu être pire », globalement, nous pouvons dire que nous avons été épargnés. Mais le malheur des uns ne rend pas nécessairement les autres heureux et le montant des dommages s'élèvera tout de même à cent cinquante mille euros, pour moitié amorti par les assurances.
Le capital alors supposé assurer les fondations de l'éducation de votre enfant, votre retraite, et une vie espérée clémente ne vaut plus rien.
La destination est réduite à néant, la forêt en copeaux et l'hôtel sérieusement endommagé.
Vous prenez alors conscience de l'ampleur de la précarité de votre existence, la consistance du vide et du petit rien, qu'il ne suffit pas de presser un interrupteur pour obtenir de la lumière, parce qu'il y a des câbles en amont dont les conduites peuvent être noyées, puis plus en amont encore un tableau avec des disjoncteurs pouvant brûler, puis encore des câbles pouvant être arrachés menant au compteur qui lui aussi pendra, éclaté, au bout de ses raccordements.
Le compteur, quant à lui, est fixé à un poteau qui lui aussi peut tomber, lui-même raccordé par d'autres câbles tout aussi vulnérables épinglés sur des centaines d'autres poteaux fragiles comme des allumettes jusqu'à une centrale dont l'ouragan ne fera qu'une bouchée.
Se rendre dans un magasin, trouver et acheter ce dont on a besoin, ouvrir le robinet et pouvoir se laver, se doucher à l'eau chaude, écouter de la musique, posséder un réfrigérateur, se tenir informé par la télévision ou internet, faire chauffer son thé au micro-onde, griller son pain dans le toaster, se faire un café, etc. et quel bonheur : tirer la chasse d'eau ! C'est pratique !
Qui a déjà eu les larmes aux yeux en voyant couler le robinet à son ouverture ou bien une ampoule s'allumer sous la pression d'un doigt ?

Toutes ces choses intégrées, absorbées dans notre quotidien comme des réflexes, faisant partie de l'évidence et qui par la même s'étaient rendues invisibles.

La planète est vivante et nous l'oublions, la planète est vivante et nous la méprisons, la plupart du temps, tout va bien, mais notre sensation de tout contrôler ne reste qu'une sensation, une utopie.

Je resterai marqué à vie sans aucun doute par le caractère éphémère de la possession, de la vie, c'est un traumatisme, une plaie qui ne cicatrisera pas, mais la certitude que devant l'impuissance de décision que nous impose notre existence, chaque seconde n'a jamais été aussi riche des sourires de ma fille, de la complicité qui m'unit à elle et ma femme, de l'amour que je porte à mes parents.

Une obsession hédoniste ne cesse de m'envahir et m'obsède depuis, je veux voyager, renouveler mon dressing, aller dans de beaux hôtels et bons restaurants, m'offrir le meilleur dès que possible, alors je planifie, me projette dans le futur, m'autorise à rêver en connaissance de cause, au risque que le moment finisse peut-être par m'échapper, mais rêver, continuer de croire et espérer…

Avoir envie n'est pas un péché, c'est une émulation de l'esprit et du plaisir de l'instant. Rien n'est blanc ou noir, tout est nuance dans l'équilibre.

Je ne doute cependant pas qu'il y aura toujours quelqu'un pour juger et condamner ; un bien-pensant dans son joli fauteuil bien calé dans son quotidien confortable pour penser que son opinion est la meilleure et votre pensée une débauche.

J'ai appris la patience et à savourer l'attente qui est devenue aussi importante voire plus que le moment attendu. Jouir du présent est essentiel, pouvoir se réjouir à l'idée du présent est une avance sur le bonheur, un bonus.

C'est ici que réside l'harmonie, ni dans le passé, ni dans le présent ou le futur, mais bel et bien dans la conjonction de ces trois espaces temps.

Deux mois sans eau, huit mois sans électricité et quatorze mois sans connexion internet autre qu'un faible débit via mon téléphone, ce qui était déjà une prouesse.
Après deux années et demie d'activité, l'ouragan nous laisse sans toit et sans emploi. Deux solutions s'offrent à vous, vous vous effondrez avec ce qu'il vous reste ou bien vous vous battez pour survivre.
Bien entendu, impossible de renoncer, mais le prix à payer est souvent le prix fort, les nerfs et le cœur sont mis à rude épreuve et je suis certain d'avoir réduit mon espérance de vie de quelques années.
A chacun sa peine, certes, on pense d'abord à soi, sans complexe mais cela n'empêche pas d'être solidaire avec ses voisins et connaissances et nous nous sommes serrés les coudes dès les premiers instants.
Il a fallu recommencer, laisser ma femme et ma fille à l'abri, à l'écart de ce non-sens. La solitude dans la douleur, une fois de plus et les relents amers du goût du don de soi, du sacrifice comme compagnie.
Je ne peux imposer ces épreuves à ceux que j'aime et transforme ma peine en espoir.
Telle une fourmi, j'ai rebâti la fourmilière.
Nous avons rouvert quatre mois plus tard.
Les clients étaient présents.
Faute d'hôtels ouverts sur l'île (nous n'étions seulement que quatre pour cent de la capacité totale à proposer des hébergements), nous avons bénéficié d'une clientèle plus diversifiée qu'à l'accoutumée, fortement orientée sur le déplacement professionnel ou diplomatique. Nous avons ainsi

reçu Messieurs les Ambassadeurs de Norvège et de Corée accompagné de son consul.

Les séjours touristiques se sont faits de plus en plus nombreux au fils des semaines et nous avons ainsi réussi à sauver notre année.

Nous fonctionnions avec un générateur trop petit, beaucoup trop petit, mais c'était le plus puissant disponible ; l'ouragan ayant détruit celui que nous avions à demeure et poussé une population à vider les stocks des pays voisins, le choix était donc très limité et nous avons acheté ce qu'il y avait, ce qu'il restait. Trouver un bateau pour se le faire rapatrier avait déjà été un miracle, nous étions donc très heureux de pouvoir faire fonctionner le minimum vital et pouvoir recevoir à nouveau des clients.

Sa capacité ne pouvait supporter le fonctionnement complet de l'hôtel et il fallait jongler avec des déconnexions incessantes de congélateur, chauffe-eau, piscine, etc.

Lorsqu'un client utilisait un sèche cheveux au même instant qu'un autre se faisait chauffer un thé, le générateur se mettait à hurler et menaçait d'exploser. Je courais comme un dératé pour débrancher un réfrigérateur de plus et tentais d'alléger la charge, mais nous nous retrouvions dans le noir complet avant même que je puisse intervenir.

A chaque cri d'agonie du générateur, le stress était énorme, mon sang se glaçait, mes tempes me brûlaient, mon corps se resserrait et me faisait mal :

« Le générateur va lâcher ! »

Si la plupart des clients étaient conscients de la situation, tous n'étaient pas toujours compréhensifs et nous avons eu à supporter quelques comportements d'une indécence choquante. Une cliente m'a qualifié d'incompétent, d'incapable, de mauvais gestionnaire car sur un séjour de quatre jours, elle n'avait pas eu d'eau chaude à deux reprises après dix-neuf heures :

- « Vous êtes un hôtel, vous me devez le service, ce n'est pas mon problème, il vous suffit de commander un autre générateur sur internet… Comment? Vous nous offrez notre dîner ce soir ? Ah bah dans ces conditions, ça va ! »

Mieux vaut avoir le sens de l'humour !

On grillait le pain à la poêle, faisait bouillir l'eau à la casserole et le café à l'ancienne.

Les séquelles de ce mode de vie sont multiples et bien ancrées.

Les ciels sombres m'angoissent comme le froissement des arbres dans le vent. Encore maintenant, lorsqu'il pleut sur les tôles, j'ai l'impression que mon corps se recroqueville sur lui-même, c'est étouffant. Je ne peux oublier les semaines sans toits à fuir la moindre goutte de pluie en quête du seul endroit encore couvert par chance d'une toiture en béton, ma chambre.

Je suis mouillé, j'ai froid, je me sens comme un animal traqué et je me réfugie là où c'est encore possible ; mais le bruit, lui, me poursuit.

Chaque goutte d'eau de pluie me percute et résonne en moi comme une onde de choc, c'est devenu insupportable.

J'ai depuis peu, de jour comme de nuit, ce que j'identifie comme des crises d'angoisse, ma trachée se resserre, la mâchoire, la poitrine et le bras gauche sont douloureux… cela ne dure pas et je bois de l'eau régulièrement pour sentir s'ouvrir l'œsophage et apaiser la douleur.

J'ai peur de faire une crise cardiaque et je dors toujours avec mon téléphone au cas où.

Je connais la peur, la peine, la douleur physique et psychologique, l'angoisse, je connais la signification de la précarité, du retour à la nature, à ce fameux essentiel et pour avoir existé avant tout cela, en suis revenu de mes préjugés de citadin occidental qui croyait que sa vie était un gâchis corrompu par la surconsommation, que l'important était ailleurs avec sa vérité.

J'ai éprouvé ma capacité de résilience, de pugnacité et me serais volontiers passé de le savoir. On me félicite souvent pour mon courage, ce qui a le don de m'agacer profondément. Lorsque l'on est acculé, que l'on n'a pas le choix, se battre est un instinct, il n'est même plus permis de réfléchir, ni de se mettre à genoux pour prier Dieu. S'il existe, il sait très bien à qui il a à faire et dans ce cas, je ne suis pas inquiet, je dors sur mes deux oreilles.

Aujourd'hui, la vie s'est chargée de m'apprendre ses règles et ma perception de tout n'a plus la même saveur qu'autrefois ; chaque détail compte, le moindre confort matériel a un sens et la résurgence régulière de mes crises d'angoisse me rappelle à ma fragilité et celle de ceux qui m'entourent.

La mort m'obsèdera décidément toujours, ce doit être un privilège de vivant.

C'est certain, on ne voit plus les gens et les choses de la même façon et c'est là la belle contrepartie du phénomène, une certaine relativité, une lucidité moins fausse et une valorisation plus équitable du quotidien, mais c'est aussi un isolement plus important dans mes relations avec autrui où le silence, l'absence ou un sourire, permettent d'éviter l'incompréhension.

En tant qu'entrepreneur, il est déjà difficile d'être sur la même longueur d'onde avec ceux qui ne le sont pas.

Nos exigences au quotidien ne sont pas les mêmes, nos rapports aux impératifs, priorités sont différents.

Mais lorsque vous vivez et subissez des évènements comme ceux qui jalonnent notre vie, on se sent en déphasage total avec les standards sociaux et il devient difficile d'exprimer ses opinions et réflexions, même avec nos proches.

Avoir vingt, quarante, soixante ou quatre-vingts ans ne changent rien.

La vie est présente à chaque instant et notre devoir est de faire de chacun de ces instants des moments uniques.

Chaque nouveau jour doit être l'amélioration du précédent, un pas vers l'avant.

Nous vivons en interdépendance avec les autres, famille, amis ou simplement l'étranger que nous croisons dans la rue, mais aussi avec tout ce qui nous entoure.

Si la recherche de la sagesse est une quête sans fin, celle de l'harmonie est à chaque instant palpable et réalisable. Elle ne peut exister lorsque l'on tire avantage de l'autre et en lui manquant de respect.

Nous avons besoin les uns des autres, nous vivons en société et devons composer, rester en alerte, vigilants afin de maintenir une stabilité relationnelle.

Il faut souvent se forcer, s'imposer des contraintes, l'humeur ou la disponibilité n'y sont pas forcément, la volonté est paresseuse mais elle est l'unique source du surpassement de la passivité et du confortable.

D'un caractère indépendant, solitaire, je ne recherche pas le contact, l'amitié, les foules m'oppressent et par nature, méprisant, méprisable et médiocre, le genre humain ne m'attire pas.

Je ne suis pas un adepte des communications, prendre des nouvelles ou en donner ne m'intéresse guère. Je ne suis pas indifférent pour autant, quiconque aurait besoin de mon aide après des années sans avoir échangé un mot, l'obtiendrait sans condition. Je n'aime pas m'enquérir et n'en tiens donc pas rigueur à celui qui ne le fait pas envers moi.

Les sorties entre amis, les vacances avec d'autres ne font pas partie de mon mode de vie.

Sans vouloir paraphraser Confucius, j'ai en parti retenu et adopté de « ses entretiens » la classification des gens en ceux de peu ou de bien. On peut être de bien et ne pas correspondre aux attentes d'un autre. Avoir des idées, un mode de vie différents du nôtre, ne fait pas de l'autre une mauvaise personne.

Copains, amis, ces notions sont donc loin de mes préoccupations. L'inimitié par contre a plus de signification et la personne qui abuse de ma sympathie est systématiquement exclue de mon espace vital.

Je peux passer un excellent moment avec des clients que je ne reverrai jamais et m'ennuyer profondément avec des relations de plus longue date, voire très longue date.

Je ne suis donc pas fidèle en amitié, j'ai des tonnes de choses à faire et je n'aime pas perdre mon temps. Les gens qui m'importunent m'épuisent, je les évite ou les évince si nécessaire.

Je partage volontiers de bons moments avec des relations, il y a des personnes pour qui j'ai beaucoup de respect, de reconnaissance et ne me lasse pas d'enrichir mon plaisir à partager des instants en leur compagnie, mais je ne m'attache pas et n'attends rien d'eux en échange, ce qui m'évite bien des déceptions.

Je n'ai cependant pas la mémoire courte ou sélective, je sais quand on me tend la main et place ma reconnaissance, un immense respect dans ce geste.

Mais faire confiance n'est pas possible. Il y aura toujours un évènement qui justifiera la trahison de l'autre, toujours opportuniste dans ces moments là.

Je ne suis pas pour autant suspicieux. Je laisse courir les choses, j'observe, garde mes distances ; surtout, je n'attends rien, tente de ne rien imposer. Je prends ce que l'autre donne selon sa volonté.

Je n'aime pas particulièrement parler, je préfère le silence, j'ai tellement à penser.

Je me sens bien en famille, dans un calme relatif.

D'un abord plutôt froid, peu avenant, je n'encourage pas les autres à venir vers moi.

Je ne suis pas asocial pour autant, j'aime partager avec les autres, passer de bons moments. Je parle facilement, avec plaisir, peux même devenir bavard et aime plaisanter, échanger.

Je m'autorise des moments comme ceux là de temps en temps. Ils me sont agréables, même si je décroche souvent tout en continuant de parler… Ce n'est qu'après coup que mes paroles me reviennent et je regrette de ne pas avoir gardé le silence. Je n'aime pas ce que je dis, je me trouve souvent ridicule.

J'ai souvent manqué d'élégance envers les autres. Par trop d'arrogance et de suffisance, j'ai blessé bien des personnes. Très exigeant, j'ai le verbe acerbe, la réplique cinglante et mieux vaut comprendre du premier coup si l'on ne veut pas subir ma répartie.

Je ne me mêle pas des affaires des autres, de ce qui ne me regarde pas et supporte mal que l'on se mêle des miennes, alors je suis peu enclin à tolérer une dérive, même d'un proche.

Je dépense beaucoup d'énergie dans mes relations à l'extérieur et ai besoin de déconnecter lorsque je rentre à la maison, ce qui n'est pas toujours du goût de tout le monde !

Mon attitude est une protection, une barrière contre un entourage qui m'indispose et dont je ne souhaite pas la présence.

Mais c'est un comportement stupide et puéril. On ne peut se satisfaire d'un tel résultat, c'est totalement improductif.

C'est ma femme qui, lassée de ma froideur envers les autres, a fini par me faire réfléchir ou, pour être honnête, disons plutôt qu'elle ne m'a pas laissé vraiment d'autre choix !

On ne peut s'enrichir en maltraitant les autres verbalement, psychologiquement, il n'y a pas de raison qui puisse justifier un tel acte qui, s'il blesse autrui, ne manquera pas de porter également préjudice à celui qui l'impose en le rendant méprisable, ridicule, dépourvu d'intelligence et en contribuant à renforcer son isolement, rendant ainsi le cercle de plus en plus vicieux.

Cependant, je n'avais pas de méchanceté, juste de la colère et j'agissais sans compréhension, sans tolérance, sans discernement et sans faire preuve d'adaptabilité et n'acceptais pas d'une personne qu'elle n'ait pas les capacités que j'exigeais.

C'était vulgaire et manquait singulièrement de raffinement.

Mais comment se défaire de ces habitudes, de ces pensées, idées préconçues qui avaient édifiées mon caractère et sa carapace à contre-courant durant tant d'années ?

J'ai retourné la question dans tous les sens, pour finalement en conclure que la colère qui m'habitait était d'abord à mon encontre et qu'en feignant le fait, je la reportais sur les autres.

J'avais choisi inconsciemment la facilité dans la réponse à mes peurs en générant systématiquement un conflit, passif ou actif, mais dont l'issue me permettrait d'y mettre un terme.

Je pouvais en une fraction de seconde faire basculer une situation dans l'absurde, me plonger dans le néant pour déstabiliser l'autre. Sauf qu'au bout du compte, l'effet de surprise passé, je restais le seul pénalisé par mon attitude, c'était de l'auto-destruction.

J'ai donc fait le point sur moi-même, ai appris à accepter toutes les facettes de ma personnalité, ai identifié mes craintes et les ai apprivoisées au fil du temps.

Je voulais seulement que quelqu'un s'intéresse à moi, cherche à me comprendre.

Ce que je souhaitais le plus au plus profond de mon être, c'était qu'un « courageux », un fou ou une amoureuse puisque c'est ainsi que la chose arriva, en bousculant les barrières, ose s'opposer à mon coup de grâce final qui sous couvert d'une certaine violence, ne dissimulait qu'une immense fragilité.

Cela a pris vingt années pour que je baisse ma garde. Tout ce temps, j'avais attendu, espéré des autres qu'ils fassent un pas de plus.

Mais je demandais l'impossible ou presque.

En cessant donc d'attendre des autres, j'ai cessé d'être égoïste, voire égocentrique, nombriliste. J'ai réalisé que je ne nourrissais que ma propre satisfaction.

Depuis cette prise de conscience, si je dois faire quelque chose pour quelqu'un, je le fais sans aucun intérêt, arrière-pensée, sans attente, retour.

Ma perception de l'autre est devenue plus modérée et m'a ouvert aux relations.

Aujourd'hui, je suis de prime abord ouvert à tout le monde dans un cercle privé, ce ne sera que plus tard que je déciderai de mettre un terme à une relation si cette dernière me devenait inconfortable.

Il y a des gens sur qui je peux compter et qui peuvent également compter sur moi ; je suis généralement toujours disposé à aider même si je ne connais pas la personne, je ressens le besoin d'aider, de soulager un quotidien pesant pour l'autre. Je pense d'ailleurs souvent à l'autre avant moi-même, choisis l'inconfort au bénéfice du sien. Même si l'argent ne se trouve pas sous le sabot d'un cheval, j'ai toujours tendance à donner. Plus jeune, je refusais systématiquement l'argent que l'on me donnait lorsque je rendais service. Puisque c'était un service, il n'y avait pas de raison d'être rémunéré.

D'aussi loin que je me souvienne, je n'ai jamais su et pu m'intégrer à un groupe, j'étais grand, trop grand et était souvent la risée des autres qui associaient ma taille et une certaine mollesse résultant de cette croissance un peu rapide, à un bout de guimauve, une nonchalance qui me portait préjudice au quotidien y compris avec les professeurs à l'école comme dans mes activités extrascolaires.

Vécue comme une humiliation trop récurrente pour rester anodine, jour après jour, années après années, je me suis isolé et protégé sous une carapace. Il me fallait lutter, trouver un moyen de riposte, une défense et surtout une attaque.

Dans la détestation de l'autre, j'ai développé un esprit provocateur dans l'espoir ou plutôt le désespoir devrais-je dire, d'exister à leurs yeux, de me faire remarquer en générant des situations qui me présumaient coupable en me sachant fort de toute innocence afin de mieux prendre l'autre en défaut.

J'étais continuellement sur la défensive et prêt à attaquer, et attaquais souvent, impitoyablement…

Une araignée sur la mouche ! dirait ma mère.

Je ne sais si cela vient de cette période de mon enfance, mais lorsque je suis hors de mon domicile, en ville ou au restaurant par exemple, je ne me sens jamais tranquille, je suis toujours sur le qui-vive, avec la crainte d'être agressé.

Je ne tourne jamais le dos à une entrée dans un restaurant, j'ai besoin d'avoir le contrôle visuel de mon environnement. Je n'aime pas les surprises.

Les autres me font peur, il m'a fallu des années pour maîtriser le sursaut de la sonnerie du téléphone et l'idée d'avoir à parler à un interlocuteur.

La mort me fait peur, demain me fait peur et je compose avec une anxiété quotidienne dont j'ai appris à tirer profit et trouver mon équilibre.

Trop d'empathie peut-être, de compassion, un trop plein d'émotions à fleur de peau.

Tout me touche et chaque perception chez l'autre est amplifiée démesurément. Je ressens la moindre contrariété comme une agression intime, profonde. Il est très difficile de mettre des mots sur ce ressenti. C'est une atteinte directe, très blessante et persistante. Un évènement bénin (une remarque déplacée d'un vendeur dans un magasin, un mauvais service dans un restaurant, une injustice, un accrochage verbal, etc.) va se diffuser en moi des pieds à la tête comme une déferlante oppressive et il me faudra plusieurs heures, jours parfois pour retrouver mon calme intérieur. Ce n'est pas de la rancune, je n'ai pas ce travers, c'est simplement que l'onde du choc émotionnel vécu perdure dans le temps.

Non agressif, il me faut maîtriser en silence cet instant où l'émotion me submerge. Ma pensée reste bienveillante et les conflits n'ont de sens que dans le péril de ce qui nous est cher. En l'occurrence, mon orgueil ne fait pas le poids, se battre ne présente donc aucun sens. C'est une réflexion très intéressante où l'humilité est au centre du processus.

J'ai toujours eu un sens aiguisé de la technique, une lecture intuitive du « comment faire » et avais toujours un bon niveau dans différents sports par exemple, mais faire la course, participer à des compétitions, lutter contre un adversaire en fin de séance de judo ont toujours été un calvaire et une source d'échec. Je n'ai jamais trouvé d'intérêt dans le combat pour le plaisir. Si je dois lutter, c'est pour vaincre, non pour jouer.

Mon hypersensibilité est la contrepartie de mon bonheur, elle est à l'origine de ma conscience aiguisée de l'instant. Il m'a fallu la comprendre, la canaliser pour lui permettre de s'épanouir dans un équilibre serein.

Je suis donc très à l'aise dans mes habitudes de vie, mais suis toujours un petit peu en panique dans des situations inattendues, improvisées. Un peu comme tout le monde finalement ?

Insidieusement, la routine s'inscrit dans un excès de tout ou de rien, de trop ou de pas assez.

Inconsistant, ce sont pourtant les rêves qui me nourrissent, me révèlent, créent le cadre, un cadre sans formes ni mesures, très malléable, flexible, sans limites et dont le vide qu'il renferme se concrétise en les accompagnant de la pensée au geste, de l'écoute à la parole.

Tel un caméléon, le vide, vierge de toute substance, observe, écoute, analyse, puis dans l'impossibilité de fuir, volontairement ou pas, s'adapte pour ne pas flancher, évince pour mieux pénétrer, habite pour mieux finalement retrouver sa capacité à rêver.

Rêver… « Rêveur, la tête dans les nuages », certainement l'annotation la plus présente laissée par mes professeurs du collège sur mes bulletins scolaires !

On ne m'a jamais vraiment pris au sérieux à cette époque, je passais pour un original, un enfant gâté, un capricieux, un fils unique, un fils de riche certes capable mais sans volonté, un fumiste avait dit une professeure en classe de 5ème.

Jugé sur les apparences, je n'en étais pas moins un être humain doué d'une pensée, d'émotions, qui ne demandait qu'à être compris. J'avais des envies, beaucoup d'envies, des ambitions, mais je n'ai retenu à ce jour de mes attentes des autres que le découragement, le scepticisme et la crainte de l'échec qui plus que tout, m'incitaient à la passivité et la frustration. Je ne pouvais cependant ne m'en prendre qu'à moi-même. Je récoltais le fruit de mon incapacité à communiquer, à exprimer mes ressentis, à demander de l'aide. J'espérais seulement que l'on me tende la main.

Rêver est donc devenu un mode de vie, mon échappatoire à un ennui insondable, un espace intime où me ressourcer, m'isoler, me cacher, me protéger, mais aussi me créer et construire ma personnalité, m'autoriser ce que je ne pouvais réaliser physiquement. Ainsi délesté de toutes contraintes, je pouvais laisser libre cours à tous mes projets, idées, pensées sans aucunes limites.

Le temps passant, las, agacé et peut-être vexé des remarques de mon entourage, blessé dans mon égo, j'ai pris sur moi, avec une part certaine de défiance et dans un esprit rageur de revanche, de commencer à transformer l'abstrait en concret, à mettre en œuvre une volonté, une détermination sans conditions qui m'autorisaient à concrétiser à l'endroit où les autres doutaient ou n'osaient même peut-être pas y aventurer une pensée.

Si un humain a la capacité de réaliser quelque chose, il n'est alors pas inhumain de s'imaginer capable d'arriver au même dessein.

Le résultat sera certainement différent, moins bon peut-être, mais la démarche intellectuelle pour y arriver est de loin l'une des plus importantes richesses, la source d'un bonheur incommensurable, la compréhension qu'en fait on existe par soi-même avec les autres si on le souhaite, mais non par les autres exclusivement.

Mon entourage s'étonnait de mon désintérêt pour le travail des autres et ce constat me desservait, me rendant moi-même « pas intéressant ».

Mais ma démarche allait au-delà de cette simple vision. Mon normal étant décalé de la normalité, mon regard se porte au-dessus du standard. Jugé perfectionniste, c'est vrai, mais jamais satisfait, c'est faux. Il aurait fallu à mes juges de comprendre que ce que je fais est insufflé par une énergie, une force irradiante qui dans l'instant m'habitent et me permet de faire sans y penser et réussir. Je ne raisonne pas comme « tout le monde », il y a quelque chose qui me guide, une sorte d'intuition instinctive.

Mais à qui expliquer cela ? Une fois de plus, on me répondrait :

–« Ah ouais, c'est génial, impressionnant ! »

Mais comment espérer être compris voire même pris au sérieux ? Je ne peux jamais faire quelque chose en me calquant sur l'autre dans la mesure où je ne fonctionne pas pareil. C'est tout.

Je fais simplement ce que j'ai à faire selon mon instinct.

Qu'importe la finalité de l'action, le chemin qui y mène s'enrichit à chaque nouvelle expérience, l'esprit s'ouvre et l'apaisement que cela procure facilite d'autant plus sa perméabilité.

C'est fascinant ! Jusqu'où mènerait la maîtrise de ce flux si je consacrais mes journées à perfectionner, contrôler cette force intérieure ?

Ce sont des instants de plaisir intenses, faciles, gratuits, accessibles qui ne dépendent que de notre volonté à les recueillir. Il faudrait être stupide et inconscient pour laisser s'échapper une telle manne de bonheur ! Alors je ne me gène pas d'en profiter.

Enfin je n'avais plus à attendre des autres et devenais ma propre source de positivité, je prenais le contrôle de mon Moi, de ma vie et par le fait commençais à comprendre et à accepter ce qui me tourmentait, me torturait en mon for intérieur.

La musique, les arts, les activités manuelles en général, sont une source d'épanouissement, de découverte de soi sans bornes.

C'est la liberté totale, la réalisation que nos capacités sont sous exploitées, que nos ressources sont insondées.

Le monde s'ouvrait soudainement devant moi, beaucoup de chose devenaient possibles. Ma perception du tout s'aiguisait et mon objectivité gagnait en justesse.

C'était comme pouvoir enfin respirer et sentir ses poumons se remplir, la lumière apparaissait au bout du tunnel, je devenais libre d'exister.

Le rêve m'a permis de sublimer mes différences, de les mettre à profit dans le quotidien, d'en tirer avantage, de les exploiter et de convertir une apparence qui autrefois nourrissait la méfiance en une réalité qui aujourd'hui inspire le respect et l'admiration de beaucoup, d'oser toujours plus et surtout de veiller à ne jamais cesser de rêver.

La vie est si courte, tellement éphémère, alors pourquoi se borner à ne vivre que de concret et ne pas l'enrichir de rêves à offrir à l'esprit et lui permettre de s'égarer et vagabonder à sa guise ?

Ouvrir son esprit, se libérer de ses idées reçues et donner libre cours à son imagination, ses envies, ses aspirations et inspirations, s'offrir à l'inconnu, avoir soif de découvertes et nourrir son intellect.

Le rêve ne s'oppose pas à la réalité, bien au contraire, il l'a construit même souvent. L'absence de rêve se résumerait pour moi à une lobotomie.

Avoir la tête dans les nuages et les pieds sur terre n'est ni contradictoire, ni incompatible, finalement, on pourrait même dire qu'il coule de sens, c'est le privilège des grands ! Cela permet de toucher les extrêmes, d'embrasser l'universalité des sens.

Le frein à la rêverie, c'est la peur, celle de perdre pieds, de lâcher prise, d'avoir l'impression de ne plus contrôler, d'être dépossédé, c'est aussi la fainéantise et la fumisterie, la facilité dans l'effort, le laisser couler, se contenter du minimum et atteindre ses limites sans s'être autorisé à faire un pas plus loin, simplement mettre un pied devant l'autre, puis un second et recommencer. Si certains y arrivent, c'est donc qu'il existe une voie pour y parvenir.

La résignation à un état de fait, l'acceptation de la soumission, la défaite dans le combat, sont des déficiences mentales dont les conséquences destructrices mèneront inéluctablement à un état végétatif, à la mort cérébrale.

Le frein à la rêverie, c'est également le regard des autres, celui qui nous empêche d'oser, retient nos élans pour finalement les étouffer dans une honte, une gêne jusqu'à en faire un complexe. Puis à titre plus personnel, que ce soit dans le cercle professionnel ou privé, ce sont les gens que nous côtoyons, nos proches eux-mêmes dont nous ne pouvons nous émanciper des règles, croyances, coutumes et autres tutelles éducatives et disciplinaires qui régissent les soi-disant « bonnes relations ».

Si le rêve nourrit l'esprit, il sustente également le physique et permet d'atteindre l'harmonie, un équilibre subtil, rarement perceptible ; l'unité de soi.

La voie de l'unité, notion fondamentale du Iaido, une discipline ancestrale martiale japonaise (peut-être l'une des dernières pouvant être qualifiée d'authentique en ces temps modernes), qui me tient à cœur et dont je tente d'en appliquer chaque jour les préceptes et concepts, que ce soit dans mes réflexions, comportements et décisions.

Ne faire plus qu'un, unifier son corps et son esprit pour ne plus voir mais percevoir, ressentir, réaliser ce qui n'est « normalement » pas réalisable.

Trop penser inhibe l'instinct. Trop réflechir ferme des portes. Se poser trop de questions est délétère.

L'être humain possède des capacités dont il en ignore l'ampleur. Bridé dans des carcans sociaux, culturels, religieux ou autres, le cerveau est limité par ces œillères qu'une volonté de débrider effraie.

Nous ne possédons cependant pas tous l'esprit d'explorer, la fascination de la découverte, la liberté d'enfreindre, de s'émanciper et sortir ainsi des sentiers battus nous donne l'image d'individus souvent farfelus, originaux, excentriques, parfois désocialisés et suscite si ce n'est du mépris, le rejet ou l'indifférence, un sourire compatissant que l'on réserve généralement au bienheureux, simple d'esprit du village.

Mais c'est une réelle délivrance qui requiert un travail acharné, une quête sans fin, une maîtrise du non-pensé, de l'abandon, du fameux « lacher prise » que seule la répétition du geste autorisera puis conduira à la réussite.

C'est une force inconnue car peu souvent et pas assez explorée ; l'affûtage des sens, un dépassement de ces certitudes, une inconsciente intuition, la synchronisation de l'âme dans l'espace et le temps.

J'ai vécu cette expérience à différentes reprises, dans différentes disciplines, qu'elles soient sportives, artistiques, professionnelles et suis arrivé à des résultats dépassant les attentes sans en avoir eu conscience.

Soudain, sans y prêter attention, le corps se fond dans l'action et s'écoule en silence dans sa destination, le temps se distant, ralentit, il devient alors possible de faire l'infaisable.

Les arts sont un domaine de prédilection pour le ressenti de cet état. Je consacre toujours en étape première, un temps jamais compté à préparer mon travail, à y réfléchir le temps nécessaire, prendre des notes, remplir du papier. Je peux laisser le projet plusieurs jours, semaines, puis y revenir toujours dans le désir, jamais dans la contrainte. La pause n'est que physique, matérielle, durant ce laps de temps, mon esprit travail dans l'ombre, il m'enverra un signal quand son analyse sera terminée.

Cette étape achevée, l'heure n'est plus à la réflexion, les mains se mettent en action et le sujet prend forme souvent sous ma propre stupéfaction. Il y a toujours des réalisations qui même après des décennies, continuent de me surprendre ; je ne sais pas comment je m'y suis pris pour les réaliser et serais probablement incapable de renouveler l'opération.

C'est la raison pour laquelle je touche à tous les genres, je dois être inspiré, aspiré par l'idée. Je ne peux me contenir dans un domaine et y évoluer, me contraindre à un résultat. La contrainte est une limite et je n'aime pas me fixer de limites.

Mais le formatage social nous impose de rentrer dans un moule, une pensée de masse, globale, celle qui convient à tout le monde et dont le manquement à l'un de ses codes nous condamnera au jugement et sanctions des autres, amis et proches.

Il est difficile de trouver du temps, de se détacher du quotidien pour s'adonner à cette discipline, mais il est important d'y veiller car chaque opportunité est une chance de plus de vivre en harmonie, dans l'exceptionnel, l'extraordinaire, le pur, c'est un grand privilège.

C'est dans cette dimension que réside l'essentiel. Y revenir n'est pas une question de matériel, de trop ou de pas assez, c'est un état d'esprit, un état d'âme.

C'est dans cette discipline de l'intellect que la vérité habite. Il ne peut y avoir de geste sans une pensée antérieure. Une action juste résulte toujours d'une pensée juste.

Accepter ses erreurs, ses défauts, ne pas avoir honte ni de soi, ni de ses pensées.

Tout est autorisé tant que l'on ne nuit à personne, il n'y a pas de tabous.

Nous sommes entre nous et notre conscience, une relation à huis-clos dont rien ne risque de filtrer, alors pourquoi ignorer le pire en soi quand en le considérant, sa compréhension d'abord puis son acceptation ensuite, deviendront chaque jour un peu plus évidentes et naturelles.

Rester dans l'ignorance de soi, feindre être autre chose que sa nature, refuser la vérité ne serviront qu'à entériner une fausseté de l'âme et des rapports avec autrui.

Se connaître et s'accepter puis se respecter comme l'on est sont les fondements de l'équilibre, d'une assurance que la pensée ou le geste ne souffrent d'aucune distorsion et que l'intention reste toujours bienveillante.

Peu importe notre comportement, de toute évidence, même la meilleure des intentions pourra toujours être mal interprétée, nous ne sommes jamais certains de gagner le respect de l'autre, sa reconnaissance et sa confiance ; mais le respect de soi-même, qui implique une certaine objectivité passant par l'écoute des autres, une auto-observation aigue, une analyse rationnelle de soi et une capacité de remise en question permanente, est la condition sine qua none à la quiétude, l'assurance d'être dans la recherche de la justesse et ne fonder ni remords, ni regrets.

Dans la nature, tout à tendance à s'opposer, l'un justifiant la présence de l'autre dans son contrebalancement à l'aboutissement de l'équilibre et je ne pense pas qu'il puisse y avoir en une personne, compassion, empathie, bonté sans un conflit intérieur, un côté sombre, un vide obscur qui justifierait cette lumière.

Le vide existe puisqu'il se nomme et en tant que tel, mérite une considération approfondie pour sortir de l'ombre, prendre forme, apparaître et réveiller notre conscience, révéler sa substance.

Nous ne prenons pleine conscience de la lumière que lorsque l'obscurité s'installe, s'enracine en nous, sa présence soudain nous manque, son absence nous plonge dans un désarroi propice cependant à la réflexion et nous permet d'analyser, de focaliser notre esprit et de planifier nos stratégies de réaction avec plus de sagesse.

Mais la lumière est aussi aveuglante, envahissante, dévorante parfois et il est facile de s'y brûler les ailes. Être capable de puiser dans son obscurité, génère une force, une source intarissable de réactions en chaîne positives.

Le stress, même la colère, peuvent être transformés, remodelés pour être mis au service du bien.

Sans codes ni règles, l'homme s'autorise à extérioriser tous ses vices sans aucunes limites, en toute impunité et dans le déni total, aux antipodes du respect de l'autre et encore moins de lui-même.

Une fois de plus, le juste équilibre ne peut être unilatéral et limiter les contraintes ne peut s'effectuer que par l'honnêteté de chacun dans sa pensée et son comportement.

Nous générons souvent nos propres barrières, nous sommes responsables de nos irresponsabilités et de celles des autres. Nous avons fait de notre monde actuel ce que nous avions planifié dans le passé, nous avons adapté notre quotidien à sa modernité sans pour autant y changer nos mentalités, nos habitudes, nos comportements. Fondamentalement, rien n'a vraiment changé durant ces derniers siècles. Sommes-nous capables de nous affranchir de nous-même, de faire de demain une voie moins égocentrique ?

Pouvoir contrôler le moins bon pour générer du meilleur, apprendre de ses erreurs et s'afférer à ne pas les réitérer. C'est un travail individuel, une volonté qui incombe à chacun d'entre nous.

Si cela est valable à l'échelle individuelle, il l'est aussi à l'échelle de la société.

La prise de conscience collective est-elle possible ?

J'en doute, mais je ne conçois pas vivre sans suivre la partition que je me suis écrite, je ne veux pas céder à la facilité et tomber dans cette médiocrité qui m'exaspère. Peut-être faudra-t-il un jour vivre sans autre choix dans des lieux clôturés, des espaces réservés, des havres de paix préservés comme il en existe déjà dans certains pays, dans des zones à risques pour pouvoir exister « normalement » et dont seules les classes supérieures y trouveront à prix d'or une porte d'entrée et s'y mettront à l'abri ?

La nature du risque, d'ici là, aura certainement pris une autre dimension, le civil ou plutôt l'incivil se cumulant au pénal de façon exponentielle.

La démission de l'éducation nationale se conjuguant à celle des parents, ne nous laissent guère d'espoir quant à une évolution positive de la société par les nouvelles générations.

Je ne veux pas être partie prenante, le sujet de cette décadence, avoir ma part de responsabilité dans un futur dystopique plus consternant encore, laissant à mon enfant nul autre choix que de subir ; alors mon mode de pensée est ma façon de lutter, de résister et faire preuve de bienveillance, de compréhension, être à l'écoute des autres et rechercher l'harmonie en toute chose sont devenus des règles de conduite fondamentales, mes codes, mon guide de tous les instants.

Notre métier d'hôtelier restaurateur est difficile. Passionnant, riche de rencontre, il nous impose cependant de mettre entre parenthèses notre vie privée et de focaliser notre attention sur notre clientèle et le fonctionnement de notre structure.

Nous faisons de chaque client un cas unique que nous traitons avec la plus grande attention.

A chaque arrivée, pendant le séjour ou chaque départ, nous sommes dévoués à notre clientèle dont les attentes diffèrent autant que leurs personnalités et points de vue, ce qui demande une relative précision dans notre gestion de leur satisfaction.

Aucun client ne ressemble à un autre, mais tous doivent cependant nous percevoir de la même façon.

Peu importe la fatigue, les soucis, notre disponibilité ou simplement notre humeur du moment, notre ressenti envers notre allocutaire, tous ces états physiques ou d'âme qui n'intéressent personne d'autre que nous-mêmes, n'ont pas à être perçus par autrui sous peine d'entacher le bonheur ou plutôt l'idée qu'il s'en fait.

Il faut certes rester soi-même tout en s'observant et s'écoutant, se contrôlant en permanence afin d'ajuster au mieux notre discours et attitude en fonction de notre interlocuteur.

Si les questions sont souvent les mêmes, tous les sujets ne peuvent être abordés avec tout le monde de la même façon, il faut distiller au compte-goutte, observer et adapter en fonction des réactions, savoir s'effacer avant de manquer d'élégance.

Notre métier est un art extraordinaire, celui de vivre, un savoir-faire indissociable d'un savoir-être au service des autres. Il s'inscrit dans une époque, un style et doit savoir évoluer avec un unique but : satisfaire son public.

A l'ère des réseaux sociaux et de l'internet, quelques secondes suffisent à poster un commentaire qui sanctionnera définitivement et qualifiera votre travail devant le monde entier.

L'erreur n'est pas permise, un pas de travers et le châtiment est immédiat !

Quelquefois l'erreur n'en est pas une, elle n'est qu'une perception, une incompréhension, le fruit d'un malentendu, mais doit cependant être gérée avec la plus grande déférence afin de satisfaire le client in fine.

Tout n'est qu'une question de point de vue, les choses n'ayant pour valeur que celle qu'on leur accorde.

L'art par exemple est si subjectif, on peut aimer une œuvre ou bien la détester. L'objet est là, immuable et ne peut générer les mêmes émotions chez tout le monde.

L'appréciation d'une sculpture, d'une peinture, de l'architecture, évolue selon les époques, les courants, les styles.

A sa création, l'oeuvre peut séduire ou bien pas. Mais si les modes, les codes s'évaporent aussi rapidement qu'ils surgissent, ce qui n'était pas de notre goût hier pourra peut-être le devenir demain, nos attirances se façonnant sous le joug du temps.

Combien de grands artistes n'ont jamais eu la jouissance de leurs talents et ont vécu dans la misère pour défrayer les ventes aux enchères un siècle plus tard ?

A chaque arrivée, nouveaux clients, tout est à refaire, il faut remonter sur scène et donner le meilleur en espérant qu'il soit compris. L'expérience, la réputation se forgent avec les années et peuvent être réduites à néant en quelques semaines.

Chanter pour les autres et non pour soi, le passé me l'avait enseigné.

Mais les projecteurs ne s'éteignent jamais, il faut être constamment disponible.

Il n'y a jamais d'acquis, et plus la réputation augmente, plus votre clientèle devient exigeante, en attente de ce qu'elle a pu lire dans les commentaires sur les sites internet, sans nécessairement se soucier de l'importance de son propre rôle dans la réussite de la relation, de la nécessité de l'échange et en considérant votre amabilité, temps et disponibilité comme des services compris, un dû.

Certains clients réservent l'harmonie qui opère chez nous comme ils achètent une boite de conserve dans un supermarché :

-« Si c'est marqué sur l'emballage, il suffit d'acheter »

J'ai à plusieurs reprises constaté qu'en fonction du statut social d'un individu, son attitude pouvait diamétralement changer entre son accueil empreint de savoir-faire et être, puis notre rencontre ultérieure.

Le standing de notre établissement, la qualité de notre prestation, rend parfois un être initialement simple et agréable en une personne hautaine et présomptueuse en quelques minutes.

Donner du panache monte parfois à la tête, il faut quant à nous, maintenir notre comportement et rester élégant en mettant de côté notre orgueil et tempérament, et se garder de faire part du fond de notre pensée.

Il m'arrive d'entendre: - «Moi, je dis ce que je pense, je ne suis pas hypocrite, quand j'ai quelque chose à dire, je le dis!».

J'étais ainsi il y a une trentaine d'année, orgueilleux et fier de le montrer ; mais j'ai compris que blesser quelqu'un sous prétexte d'honnêteté, manquait précisément d'intelligence, d'objectivité, de ce fameux savoir vivre et de beaucoup d'élégance.

Si nous aimons ce que nous faisons, si nous aimons ceux avec qui nous le partageons, alors il faut savoir faire abstraction de ses impulsions, tourner sept fois sa langue dans sa bouche pour finalement jouer de diplomatie.

En artisan du bonheur, nos outils sont la rigueur, l'écoute, l'adaptation et la compréhension, la remise en question permanente. Ils nous guident vers la recherche de l'excellence afin d'offrir le meilleur et permettre à nos hôtes de passer un séjour inoubliable.

Il faut être passionné, vouloir partager.

L'expérience chez nous est unique car authentique, sans tricherie ou décor de façade.

Nous partageons notre vie, répondons souvent à des questions récurrentes manquant de discrétion, mais cela fait partie du jeu, c'est la dimension humaine de notre luxe, la considération, le partage loin des internationalisations stériles de masse où votre nom ne se résume qu'à un numéro de chambre et de carte bancaire.

N*'oublie jamais notre secret mon amour, ton papa t'aime du plus beau des amours ; un amour éternel, un amour inconditionnel.*

Depuis ta naissance, nous avons pris l'habitude avec ta maman de faire un « petit tour de fleurs » quotidien, en fin de journée, tous les trois, dans le jardin de notre hôtel et nous avons eu le plaisir ce soir de récolter nos premières noix de cajou, deux, une petite et une grosse.

Une récolte forte de signification.

Trois années auparavant, en avril deux mille treize, je recevais le quinze de ce même mois un appel téléphonique, le plus beau et le plus important de ma vie.

Dans le ventre de ta maman, une petite « noix de cajou » venait de s'installer, de prendre racine (c'est ainsi que nous t'appelions avant que tu ressembles à un bébé).

J'étais à cette époque, seul sur notre île d'adoption à poursuivre la construction de l'hôtel pendant que ta maman était rentrée en France pour tenter une fécondation in vitro, notre ultime chance d'être parents.

Je me revois encore, les larmes aux yeux, j'étais sur le chemin qui descend au conteneur, au niveau de l'espace barbecue quand le téléphone a sonné.

La nouvelle, si réelle soit elle, me paraissait pourtant flotter comme un rêve, je m'étais si souvent imaginé père, serrant mon enfant (un garçon ou une fille, peu m'importait, mais j'avoue qu'une petite rose charmait ma préférence) dans mes bras, le regarder grandir, partager ma vie, j'enviais nos voisins qui avait alors une petite fille, Jovita et je la regardais en me disant que ce ne devait pas être pour moi, que jamais je n'aurais la chance de vivre ses émotions uniques, à nulles autres pareilles.

Fou de joie, je suis donc descendu en bas de la colline pour y prélever une bouture qui commençait à germer au pied d'un grand anacardier qui prospérait de l'autre côté de la route.

J'ai creusé un grand trou en bas de la propriété et ai donc planté un « cashew tree », d'une quinzaine de centimètres de haut.

J'ai pris soin de lui, me suis assuré qu'il reprenne racine et croisse sans entraves et c'est ainsi qu'ensemble, trois années plus tard, notre première récolte nous remplissait de bonheur.

Durant la grossesse, ta maman était restée en France chez tes grands parents pour s'assurer que tu grandissais dans les meilleures conditions. Quant à moi, j'étais ici, sur notre île et continuait de construire notre maison et hôtel afin que tout soit près pour ton arrivée, car à cette époque, nous étions loin de la fin des travaux et la vie sur place ne pouvait même pas s'assimiler à du camping.

Je suis rentré au mois de septembre pour te voir bouger dans le ventre de ta maman et te raconter de belles choses. Un moment riche en émotions, je concrétisais enfin ce que mes rêves me susurraient depuis plusieurs mois, je pouvais maintenant toucher, écouter et voir de mes propres yeux. Jusqu'alors, j'avais vécu par procuration. Même si l'internet est une chance et un outil extraordinaire, l'envoi quotidien de photos et nouvelles sur ton état de santé et celui de ta maman me causait une douloureuse frustration avec laquelle il a pourtant fallu que je compose et m'habitue à en faire ma compagne de mois interminables.

A l'issue de ce si bref séjour, il a été très difficile de vous laisser, ta maman et toi et de repartir seul, mais le cadeau que la vie semblait vouloir m'offrir me donnait une force et une rage de vaincre, une détermination à toutes épreuves. Plus que jamais, mes sacrifices prenaient un sens, se justifiaient dans la réalisation de la plus belle des créations, mon plus beau projet, Toi.

Mais bien entendu, les choses étant rarement simples, nous étions pleins d'inquiétudes. La grossesse n'était pas censée se passer normalement et pouvait être à risque pour toutes les deux à chaque instant. Mais visiblement, toi aussi tu semblais déterminée dans ta course et tu grandissais merveilleusement sans te soucier de nos préoccupations.

C'est le 19 décembre 2013, huit mois après ce coup de téléphone, que tu te décidas de montrer le bout de ton nez. Exactement trois jours avant mon arrivée ! Nous avions pourtant pris de l'avance en programmant mon retour un mois avant le terme, mais faute de place suffisante pour terminer ta croissance au chaud, tu as décidé de prendre les devants et de pointer le bout de ton nez, ou devrais-je plutôt dire le bout de ton pied car la délivrance par les voies naturelles ne pouvant s'opérer sans risques, le gynécologue qui te suivait a procédé à une césarienne en urgence.

La première fois que je t'ai vu dans les bras de ta maman à la clinique, tu étais minuscule, emmitouflée dans une barboteuse bien trop grande et bien à l'abri sous ton petit bonnet blanc. Mon bonheur était alors immense, inexplicable, l'amour de son enfant est une expérience unique.

Malgré ma légère tendance à être superstitieux, moi qui n'aime pas vendre la peau de l'ours avant de l'avoir occis, en prévision de ton arrivée, je n'avais pas pu retenir l'envie de t'écrire une chanson, une petite douceur que je te destinais et je passais mes soirées à enregistrer jusqu'à ce que je me satisfasse du résultat.

J'ai ensuite repris et réenregistré la chanson que j'avais écrite pour ta maman plus de vingt années auparavant.

En entrant dans la chambre de la clinique le jour de mon arrivée, j'ai posé des écouteurs sur les oreilles de ta maman et ai laissé les notes s'égrainer en silence.

Sa chanson, tout d'abord, puis un petit récit en musique pour introduire celle qui t'était dédiée.

Nous pleurions… de joie bien entendu mais aussi de soulagement, celui d'avoir le sentiment que notre persévérance avait été reconnue et récompensée. Celui de pouvoir enfin savourer des instants de paix intérieure, la sérénité.

Pleurer, c'est ce que nous avons fait pendant de long mois chaque fois que mon regard croisait celui de ta maman lorsque nous étions réunis tous les trois.

Encore aujourd'hui, sept années plus tard, je m'efforce de te regarder avec la plus grande attention, à prendre conscience de ta présence et à ne pas en gaspiller une miette.

Je ne peux m'habituer totalement à la réalité, je t'ai tellement espéré, que parfois je me demande si je rêve ou suis éveillé. J'ai si intensément vécu ta présence en songe que même devant le fait, la part de rêve subsiste encore à ce jour en quelques jardins de ma mémoire.

Je suis bien évidement l'homme le plus heureux du monde, la vie m'a tout donné, j'ai quarante-neuf ans et ne regrette rien. J'ai toujours eu de la chance, me suis toujours sorti de situations délicates, j'ai suivi ma voie.

Mamy dit que ce sont mes grands-parents paternels qui veillent sur moi.

C'est peut-être vrai, j'ai toujours eu une bonne étoile.

Tu combles mon existence, être père, c'est du jour au lendemain bouleverser totalement sa vie sans efforts, sans contraintes, c'est t'offrir naturellement le meilleur de moi sans condition et à l'infini.

C'est te regarder avec un sourire, te faire un câlin, répondre à tes questions, jouer avec toi…

Faire de tes journées un moment de fête jusqu'au temps du « dodo » où nous choisissons un rêve, tous les soirs différents, afin d'éclairer tes pas dans la nuit et nous retrouver le lendemain matin avec de nouveaux sourires.

Il y a tellement de magie dans le fait d'être père, que j'ai toujours du mal à réaliser que tu es réellement ma fille, alors je capture chacune de nos émotions pour édifier mon bonheur.

Je te regarde et regarde encore, chaque seconde nous échappe, nous ne la revivrons plus, il faut profiter de chaque instant.

J'essaie de t'élever avec un minimum de confrontations.

Je crois en l'accompagnement dans le respect mutuel, les forces quant à elles, s'opposent jusqu'à ce que l'une d'entre elles finisse par céder, ne créant que frustration d'un côté et excès d'orgueil faussé et nourri par la faiblesse de l'autre.

Pourquoi devoir lutter si l'on s'aime ?

Ton intelligence associée à ton caractère bien affirmé mettent parfois ma compréhension et ma tolérance à rude épreuve !

C'est étrange, les gens qui nous connaissent disent que tu tiens de moi !!!

Alors je tente de transformer chacun de tes ronchonnements, caprices en quelque chose de positif, en détournant ton attention en t'expliquant le bien fondé de mes décisions, ce qu'il est bon de faire ou ne pas faire, où sont les limites, les valeurs et le respect.

Mais il faut parfois être plus explicite et devoir revenir à des méthodes plus terre à terre, il t'arrive de devoir être privée d'un plaisir, d'être punie et devoir faire des devoirs supplémentaires.

Si l'on doit se fâcher, surtout pour les devoirs scolaires, tu pleures mais ne baisse jamais les bras. Tu me surprends dans ta pugnacité, ta capacité dans une situation de stress à reprendre le contrôle de toi et à vaincre la colère, la frustration, pour finalement te concentrer, comprendre et atteindre le but avec succès.

Tu es très intelligente, pleine de ressources, tu as des facilités pour les arts, une sensibilité qui t'habite lorsque tu danses, ton caractère bien trempé n'en laisse pas moins ressortir tes dispositions à écouter, faire l'effort. Nous n'avons que des compliments sur ton attitude à l'école, celle que tu offres à tes enseignants comme à tes camarades de classe. Tes résultats scolaires sont bons, tu surmontes les difficultés, t'adaptes en fonction des circonstances, passes d'une école anglaise à une française, rattrapes les niveaux et satisfais aux attentes de tous. La vie se lit sur ton visage, les clients ne cessent de nous complimenter sur ta joie de vivre, tes sourires et le bonheur que tu véhicules. Tu es une personne gentille et bienveillante ; partager, donner aux autres, aider sont les actions toutes naturelles de ton quotidien. Je suis fière de ce que tu es et de ce que tu deviens au fil des années.

Tu es une si belle personne.

J'essaie d'adapter mon comportement en fonction de ton développement, et je suis pour le moment très content, nos relations sont merveilleuses, tu rayonnes de bonheur et nous rigolons beaucoup. Notre travail nous permet de passer beaucoup de temps tous les deux et avec ta maman. Aller à la piscine, se promener dans la propriété, faire la cuisine, dessiner, apprendre le piano, faire les travaux pratiques pour l'école et tant d'autres choses, sont les partages de notre quotidien.

Je souhaite que tu te nourrisses d'amour, de gentillesse, que tu perçoives toute la force de l'altruisme.

La vie est un combat qui se charge de nous exposer à de perpétuelles contrariétés qui nous conduiront à un avenir certain, voire incertain. Mais comme le jour est à la nuit, l'équilibre n'existe que dans la contrepartie. Il nous faut donc éveiller nos sens à l'amour et le répandre autour de soi, dans les moments de liesse comme dans l'adversité.

Pour aimer les autres, il faut s'aimer soi-même. Sans narcissisme, égocentrisme ou autres travers, mais tenté de se connaître, avoir confiance en soi, aimer ses qualités et accepter ses défauts.

J'aimerais cependant être plus présent à tes côtés, plus souvent, j'ai parfois l'impression de manquer de temps, j'ai tellement de choses à faire, d'envies, d'idées, qu'il me faut apprendre à préserver ma personne, ne pas m'oublier tout en m'assurant que je suis toujours là pour toi.

Encore une question d'équilibre !

Mais tu es si importante, essentielle à mon cœur que je culpabilise toujours lorsque je décide de rester devant l'ordinateur à écrire, de faire de la musique ou autre activité en lieu et place de jouer avec toi.

Ta maman s'occupe beaucoup de toi au quotidien, dans ton suivi scolaire, ton éducation, la préparation de bons petits plats qu'elle veut toujours de bonne qualité, cuisinés avec le meilleur et le plus grand soin, tes activités ; elle passe également beaucoup de temps à t'occuper, trouver des activités éducatives, mais aussi à jouer à la poupée, ce qui, je dois le reconnaître, n'est pas ma tasse de thé !

Elle a une patience d'ange et une disponibilité avec lesquelles je ne sais et ne peux rivaliser. Je l'envie souvent et regrette ces moments que je manque définitivement.

Je ne suis pas parfait mais tente toujours de faire de mon mieux, de prendre les bonnes décisions, pour ton bien, dans ton intérêt. Aujourd'hui, devant la conjoncture inquiétante qui nous lamine, je ne pense qu'à assurer ton avenir. Tous mes objectifs convergent vers ma possibilité de t'offrir le meilleur pour demain afin que tu puisses te tirer d'affaire au mieux lorsque le moment de t'émanciper sera venu. J'ai le souhait de t'apporter une lumière, celle que je m'efforce de maintenir vaillante depuis de longues années, celle qui se nourrit des conséquences de mes erreurs et du prix de mes instables, fragiles réussites. Je veux être là pour tenter de te guider, t'éviter les faux pas et ne pas avoir de regrets trop nombreux dans tes valises.

J'ai gâché mon potentiel il y a bien longtemps, un don unique que je n'ai su exploiter. Je me suis adapté, j'ai par chance su réagir et il me permet aujourd'hui de garder la tête hors de l'eau et me donne les capacités nécessaires pour rebondir, mais pour combien de temps ? la vie s'acharne à nous éprouver et rebondir trop souvent commence à être épuisant, douloureux.

L'approche cinquantaine a et malgré la période de troubles et d'incertitudes dans laquelle la pandémie de Covid 19 nous plonge, rien d'une certaine façon n'a jamais été aussi parfait comme rien n'a jamais été aussi précaire.

Tout ce que nous possédons ne tient qu'à un coup de vent, une vibration, une bactérie, un virus, une nouvelle crise économique sans précédent en couveuse, nourrit par les précédentes et dont les erreurs n'auront eu pour conséquence et enseignement que l'inévitable besoin de les renouveler en cultivant la politique de l'autruche et priant pour que le pire tombe sur le prochain gouvernement sous les traits d'une crise sociale, d'émeutes sanglantes ou d'une guerre civile peut-être, allez savoir...

Nous sommes aujourd'hui au pied du mur, sans équivoque aux origines de l'essentiel, témoins de l'incertitude qui compose le futur qu'il soit proche ou lointain.

Tremblements de terre, ouragans, coronavirus, tout est en mouvement, la planète est vivante et nous avons la mauvaise habitude de l'ignorer. Nous sommes mortels à chaque seconde et ce que nous créons aujourd'hui ne sera peut-être plus là demain.

L'avenir, le nôtre et celui de nos proches, famille ou amis, ne tient qu'à un frémissement de mère Nature.

Le mois de septembre 2021 touche à sa fin, notre hôtel est fermé depuis le quinze mars de l'année dernière. Dix-sept mois sans source de revenus, faute de clients, de frontières ouvertes, de transports aériens et maritimes. Nous pourrions tourner au ralenti avec la clientèle du pays, mais cette dernière malheureusement ne possède pas le pouvoir d'achat nécessaire. Nous sommes fermés pour tenter de limiter la casse, réduire les frais au maximum, soit à mille euros par mois tout de même.

Les comptes de la société sont à zéro depuis un bon moment et les quinze mille euros que cette pause vient de nous coûter, proviennent de nos propres deniers dont les limites seront atteintes d'ici peu.

Pour la construction de nos deux chambres Prestige, nous avons hypothéqué l'hôtel et la propriété en garantie d'un prêt contracté. Par chance, la banque nous a proposé de suspendre les remboursements pendant une année. Mais nous avons maintenant dépassé le terme de cette échéance et deux mille euros sont mensuellement supposés venir s'ajouter aux mille que nous déboursons déjà depuis le début si la banque refuse de nous accorder une prolongation d'une année supplémentaire. Nous serons alors forcés de capituler, nous serons ruinés, à la merci de nos créanciers qui saisiront le moindre de nos biens pour le céder à un coût minimum afin de se rembourser puis éventuellement nous laisser quelques miettes.

Mais nous avons quitté l'île à temps, avant que tout s'arrête et sommes hébergés par mes parents qui habitent l'île voisine, un département français d'Outre-mer.

Nous avons la chance d'avoir leur soutien (comme celui de mes beaux-parents d'ailleurs), tout le confort, nous bénéficions de leur véhicule, notre fille est scolarisée dans une très bonne école bilingue qui lui permet de pratiquer l'équitation, le yoga, la natation, le mandarin ; nous allons en famille une à deux fois par semaine à la plage, les mercredis et les dimanches, où un club enfant propose des jeux sur l'eau, ce qui nous est impossible de faire lorsque nous travaillons.

Peut-être, tout au plus, allons-nous en bord de mer deux ou trois fois par an, un comble lorsque l'on habite une île ! Tous les samedis elle prend tout de même un cours de danse, mais les activités de plein air, jeux pour enfants, cinéma y sont rares sinon inexistants, faire du patin à roulettes, apprendre à faire du vélo est très difficile, il n'y a pas d'endroits dédiés aux enfants et aux activités qui y sont liées.

Dans notre exil, nous avons saisi l'opportunité de lui faire découvrir toutes ces banalités que nous avions mises entre parenthèses en se disant que l'on ne peut de toute évidence tout faire, tout avoir, laissant tout de même planer l'ombre de la frustration, le poids de la résignation et une certaine amertume que notre vie nous impose.

Mais nous avons la nature, cette petite île indépendante, fruit des accords du Commonwealth, est probablement l'une des dernières à offrir tant d'authenticité, le temps s'y est arrêté il y a une cinquantaine d'années, la vie s'y écoule sans les problèmes d'insécurité et de violence qui habituellement défient les chroniques des faits divers chaque jour nouveau dans nos pays « civilisés ».

Nous vivons globalement en paix sans crainte que notre fille joue seule dans la propriété aux risques de se faire enlever pour alimenter je ne sais quels réseaux pervers.

Il y a bien longtemps que nous avons cessé de regarder la télévision ainsi que tous les médias sous contrôle enclins à distiller les mêmes soupes aux heures de repas des bonnes gens suffisamment crédules pour y trouver une vérité.

Un philosophe dont j'ai oublié le nom donnait son point de vue dernièrement lors d'une interview radiophonique et soulignait que : « la télévision avait été inventée pour les gens qui ne savaient pas lire ». Même si j'ai trouvé la réflexion un peu acerbe pour être diffusée si ouvertement, je ne peux que m'indigner du niveau des programmes grand public dont la pérennité ne tient qu'à un audimat visiblement conquis, ce qui est plutôt inquiétant et consternant, reflétant les références, mentalités et goûts de notre société actuelle.

Ainsi, les nouvelles de France et du monde nous parviennent via notre clientèle qui, pour beaucoup, appartient à l'entreprenariat, la profession libérale pour nous faire part du désarroi qui la submerge, de l'inquiétude qui ne cesse de croître au sein d'une classe sociale toujours plus sous pression, compressée aux extrêmes. Certains doivent s'endetter pour tenir, d'autres doivent licencier, certains se demandent combien de temps ils pourront tenir, d'autres croulent sous les nouvelles lois, règles qui rendent leur activité de plus en plus difficiles à exercer et pour la plupart, se plaignent des nouvelles générations qui ne veulent pas travailler, qui posent leurs conditions, qui rechignent à venir les week-ends, les jours fériés, pendant les vacances et qui s'enquièrent du montant du salaire avant même de se préoccuper de la nature du travail.

Nos clients viennent chez nous pour s'évader, fuir leur quotidien dont le poids ne cesse d'augmenter entre chaque échappatoire. Ils viennent trouver la paix, se ressourcer, reprendre pied le temps d'une pause, oublier.

Faute de moyens, nous avons choisi cette île pour son accessibilité foncière en nom propre, ses faibles taxes, l'absence d'impôts locaux, fonciers un salaire moyen à quatre cent cinquante euros, des taxes professionnelles aux alentours de sept pour cent, bref, autant d'avantages qui pour de petites gens comme nous, rendent la création d'une entreprise facilement concrétisable.

Nous aurions pu en tirer profit et prospérer très confortablement, mais c'était sans compter avec une tempête l'année de notre ouverture, un ouragan majeur deux ans plus tard et la pandémie de Covid-19 aujourd'hui.

J'ai l'impression d'être sans cesse mis à l'épreuve. La vie éprouve-t-elle la véracité de ma pensée, ai-je quelque chose à prouver à quelqu'un ? Ai-je commis des erreurs que je doive payer ? Il me semble parfois qu'une main guette ma sortie de l'eau pour mieux m'y replonger. Faire ma vie et gagner mon argent me semble interdit.

Nous nous sommes installés dix ans trop tard. Une décennie plutôt, et c'était une réussite parfaite, nous aurions eu la force de soutenir les épreuves de ces dernières années sans trop se poser de questions.

Mais toute médaille à son revers, et nous payons le prix fort, c'est juste « la faute à pas d'chance ! », tout aurait pu être différent. Il faut faire avec.

Je viens donc de créer une entreprise de rénovation et de création en tout genre, je repeins des maisons, intérieur, extérieur, je sculpte des rochers en béton pour faire des cascades, des bassins de jardin, je fais des meubles sur mesure, j'enduis des plafonds, les ponce, propose mes idées et les réalise.

Un bon client nous soutient depuis notre arrivée en exil chez mes parents et me donne des travaux, chantiers qui nous permettent de mettre un peu d'argent de côté et d'anticiper la sauvegarde de notre hôtel dans un futur proche que nous n'estimons tout de même pas à moins d'un an. Il ne faudrait pas que nous restions dans cette situation beaucoup plus longtemps.

En parallèle, nous avons mis notre hôtel en vente, mais tant que les frontières resteront fermées, les protocoles d'entrée dans les pays resteront trop contraignants, et pire encore tant que les moyens d'acheminement sur l'île resteront inexistants, les chances de vendre notre structure resteront elles aussi nulles.

Avoir des capacités au-dessus de la moyenne implique une sensibilité exacerbée qui nécessite d'être considérée, gérée comme il se doit. C'est très compliqué et un dérapage est vite arrivé !

Une source émotionnelle positive stable est donc devenue indispensable au maintien de mon équilibre.

C'est dans un monde lui aussi hors normes que je trouve un repère, un réconfort.

Le luxe est une émotion. Que son origine soit de biens ou de services, il doit être en mesure de donner le frisson. Il s'exerce dans des lieux, par des gens dont nous n'avons pas à nous poser de questions ; les réponses confortant la satisfaction doivent être au rendez-vous avant même d'avoir été suggérées.

Je m'y sens en sécurité, il me rassure, me protège d'un monde trop envahissant qui m'oblige à un contrôle permanent, une maîtrise de moi, de tout sans laquelle la sanction est immédiate.

Le droit à l'erreur n'a guère sa place dans notre monde actuel, les marges de manœuvre sont de plus en plus restreintes et il faut savoir naviguer pour ne pas sombrer.

Le luxe incarne l'excellence non comme une finalité mais comme une recherche, il suit la voie de l'harmonie et y contribue en quelque sorte. C'est un espace protégé, sécurisé, il offre la possibilité de s'évader, de souffler, de décompresser, de se déconnecter de nos obligations quotidiennes et d'y abandonner et libérer son esprit.

Le luxe n'est pas matériel, ostentatoire, palpable, il est avant tout un ressenti, une perception, c'est le sentiment de vivre un moment unique.

Son véhicule peut être matériel (stylo, montre, bijou, voiture, œuvre d'art, maison, etc.), une prestation (voyage, service privé, etc.) ou un état (parent, mari ou femme, enfants, une bonne santé…), chacun peut vivre le luxe à sa façon, selon son point de vue et ses moyens.

Derrière le luxe matériel, se cachent des artisans, des artistes, des gens qui ont fait de leur vie cette quête de la perfection et dont le partage des émotions est essentiel à l'accomplissement de leur travail, de l'harmonie.

Souvent chargé d'histoire, d'héritage profond, le luxe prend naissance dans la passion, la curiosité, l'idée et l'originalité pour former une maturité intellectuelle et s'insuffler dans un aboutissement matériel sans cesse en mouvement, à l'écoute, perméable à l'évolution.

Lorsque l'on en fait l'acquisition, il submerge, fait vibrer, c'est une pause dans le temps, il faut y être attentif, ouvert pour en extraire son essence et en posséder sa superbe.

Le luxe matériel est partout et nous le méprisons la plupart du temps faute de pouvoir s'en contenter, de l'apprécier et même de se rendre compte que nous le possédons déjà, laissant place à toujours plus de convoitise. Certes il faut rêver comme je le disais, mais pas au détriment de notre objectivité.

Le rêve possède de multiples facettes qu'il nous appartient de faire briller, mais tomber dans ses pièges est facile.

Le rêve doit rester une porte ouverte, un rayon de soleil, un souhait et ne doit pas se substituer à la réalité.

Je suis né en ville et ai toujours vécu dans un environnement citadin.

Je rêvais de m'évader, de quitter cette atmosphère que je croyais malsaine pour une vie de soleil sous les tropiques.

Nous vivions dans le sud-est de la France, et le froid de l'hiver qui me semblait interminable me glaçait les os.

Mais entre l'idée que l'on se fait de quelque chose et la réalité, il y a souvent tout un monde insoupçonné et généralement non souhaité.

S'il fallait considérer les zones d'ombre d'un rêve, il n'en supporterait dès lors plus cette qualification.

Au froid il fait trop froid et au chaud, il fait trop chaud. Entre les deux ? Il n'y a pas de saison, on attend qu'il fasse chaud ou froid.

L'humain est un irascible insatisfait. Toujours en quête de ce qu'il ne possède pas.

Bien entendu, je n'ai pas la prétention d'échapper à la règle.

J'aime avoir en tête quelque chose à trouver, un centre d'intérêt, j'aime faire des recherches, me documenter, découvrir des métiers, des époques, des civilisations.

J'ai un besoin permanent d'apprendre, sur tous les sujets et internet comme les livres sont ma bible.

L'accumulation de connaissances, mon intérêt pour tout, est la seconde face de mon luxe.

A chacun le sien, à chacun de trouver son équilibre, son espace de   réconfort.

Vingt-sept années, c'est le temps qu'il m'a fallu pour voir, voir mes parents et prendre conscience de leur amour et de celui que je ressentais pour eux.

Vingt-sept années de vie « normale », d'évidence, de dû, une vie en parallèle à partager le même espace, une jolie maison dans un joli jardin, nous nous adressions la parole et vivions toutes les choses du quotidien, partions une semaine par an à la montagne faire du ski, puis un mois en bord de mer sans finalement me rendre compte de ce qu'ils m'offraient. C'était normal.

Vingt-sept ans pour prendre conscience de la richesse qui me crevait les yeux.

Aveuglé par la routine, par la perception de ce qui n'était pour moi qu'un standard, j'ignorais l'importance et le rôle de mes parents dans l'aboutissement de ma vie d'enfant.

Ils conditionneront mon futur.

D'être père aujourd'hui me fait m'interroger sur la vision que pourra avoir ma fille à mon égard, dans quelques années. Ma réflexion attise ma vigilance et tout en veillant à ne pas modifier mon comportement et à fausser le naturel, je suis à l'écoute du présent.

Les parents nous sont imposés ; l'obligation, l'autorité, supporter leurs remontrances, les frustrations, les « non » et leur présence quand on préfèrerait être seul ; j'attendais donc patiemment que l'exercice du pouvoir cesse au bénéfice d'une liberté émancipatrice dont j'ignorais que le poids de sa responsabilité serait finalement un joug sans concession.

Pourtant entouré d'amour, je ne me suis pas aperçu qu'ils consacraient leur vie à la mienne, qu'ils travaillaient pour m'offrir le meilleur, qu'ils « sacrifiaient » leur existence au bénéfice de la mienne.

Je sais maintenant que ce « sacrifice » est une raison de vivre et quoi de plus beau que d'avoir pour raison son enfant ?

Être parent et en assumer la responsabilité comme ils l'ont fait est une dévotion totale ; celle de l'exclusivité, de la tolérance et de la compréhension, celle de l'excellence ; toutes ces valeurs qui aujourd'hui sont les fondements de ma vie.

Ils ont admirablement réussi leur mission et je leur serai reconnaissant à jamais de cet inestimable don, celui de l'amour.

Qu'importe la différence de génération, de mode de vie ou parfois d'opinion, mes parents appartiennent dorénavant à mon être, ils ont dépassé le statut de chair pour fusionner avec mon âme et porter mon esprit dans la sérénité que procure l'amour, immuable même dans les épreuves.

Toutes ces années à me porter me porteront jusqu'au bout.

Si de mon point de vue, il y a pu avoir des maladresses mais jamais d'erreurs, des incompréhensions ou des heurts, ils ont toujours tout fait avec et par amour, ce qui ne ramène finalement ces points de discorde, probablement plus douloureux pour eux que pour moi, qu'à de simples détails.

Leur éducation m'accompagne au quotidien dans celle que je tente de donner à ma fille, ils sont mon guide et les souvenirs de leur présence à mes côtés sont des bouffées de bonheur chaque fois savourées.

La tâche est ardue, ne rien faire que je puisse regretter surtout dans le futur, donner le meilleur à mon enfant dans la justesse, ce qu'ont fait mes parents à un certain niveau, selon leurs critères, leurs normes.

Mais d'avoir évolué seul avec mes différences, d'avoir dû me débrouiller seul avec ma personnalité, a créé une distance, un décalage, un déphasage dans l'établissement d'une complicité.

Ils ne savent pas ce que je suis et ne peuvent encore moins le comprendre.

J'ai grandi, me suis construit en parallèle d'eux et une partie de moi est restée seule.

Communiquer n'a jamais été possible, je n'ai jamais pu exprimer mes sentiments. Mon point de vue, plus encore mes ressentis, ont toujours été perçus comme des reproches et la remise en question n'est pas une notion qu'ils peuvent envisager. Source de conflits, me laissant le mauvais rôle d'ingrat, j'ai rapidement préféré me taire.

Aujourd'hui, le décalage est toujours présent, mais j'essaie d'être là pour eux. Je n'ai jamais trouvé le moyen de me faire comprendre, c'est disons « la faute à personne », communiquer n'est pas une chose facile et parfois l'on passe à côté.

Nous ne sommes pas sur la même longueur d'onde, beaucoup de choses nous opposent, sauf le respect, l'amour et la reconnaissance. Je ne peux exiger d'eux ce qu'ils ne peuvent comprendre, alors je les aime pour ce qu'ils sont ; mes parents, au lieu de nourrir des regrets pour ce qu'ils ne sont pas.

Je l'ignorais à l'époque lorsque je me débattais avec mon adolescence, mais une enfance heureuse, réussie, vous porte tout au long de votre vie.

Enfant, j'étais angoissé à l'idée de perdre mes parents, de les voir mourir avant d'avoir pu m'imprégner de leur essence.

Ceux de mes camarades de classe étaient plus jeune et je les enviais.

Après un demi-siècle d'existence, ils sont toujours là pour moi, pour ma femme et ma fille. J'ai la chance de les avoir toujours à mes côtés.

Je ne sais si je pourrai égaler leur talent, peut-être un jour ma fille m'écrira quelques mots…

Je le disais, l'école n'a pas été une expérience mémorable, je ne peux qu'en constater l'échec.

L'institutrice du Cours Préparatoire qui deviendra par la suite une très bonne relation de mes parents, se rappellera de moi comme un cas unique dans sa carrière d'enseignante, le seul qui ai voulu lui mettre une claque !

Lors du Cours Élémentaire deuxième année, je suis allé faire un stage, le premier d'une longue série, chez le directeur de l'établissement pour avoir dit à l'instituteur qu'il était un con.

J'ai toujours eu la mauvaise habitude de dire ce que je pensais !

En dehors de cela, j'étais plutôt un bon élève, calme, non perturbateur et, sans perdre de mon flegme, était capable du meilleur comme du pire.

Mais c'est au collège que les choses se sont dégradées.

Mes réflexions et attentes n'étaient pas en adéquation avec l'enseignement, je m'ennuyais en cours et passais mon temps à ne rien faire.

J'utilisais ma mémoire pour synthétiser le cours en direct et faisais souvent l'impasse sur les devoirs à la maison pour descendre dans le studio de musique que mon père m'avait aménagé et m'y enfermer pendant des heures.

Il n'y avait guère qu'en mathématiques que ma technique posait problème et mes résultats étaient des plus catastrophiques.

Il n'y avait pas grand-chose à tirer de moi, je passais pour un rêveur pour certains, un fumiste pour d'autres et le gâchis de mes capacités évidentes non exploitées faisait la désolation de l'ensemble de la profession.

Le constat de mes capacités était unanime, tout le monde attendait que je me décide à bien vouloir travailler. De mon côté, j'attendais que quelqu'un s'occupe de moi, me donne l'envie, suscite mon intérêt, ce qui n'est arrivé que de très rares fois et je ne l'ai pas oublié.

Si le sujet m'intéressait, je travaillais et obtenais des notes excellentes, ce qui faisait évidemment le « buzz » dans la classe. « Mais comment a-t-il fait ? S'est-il enfin réveillé ?».

A l'issue de la troisième, aucun établissement ne voulait de moi, allez savoir pourquoi ! Un ami de mes parents, professeur dans un lycée professionnel, a réussi à me faire rentrer dans une section comptable. J'étais conscient que ce cauchemar qui me profilait des longues années d'ennui était une bouée de sauvetage, mais j'ai tout de même donné du fil à retordre aux enseignants et au proviseur.

Parallèlement, j'étais gentil et les gens m'appréciaient en tant qu'enfant doué de capacités mais me regardaient de travers en tant qu'élève ingérable.

Les professeurs en préretraite m'ignoraient, ils avaient certainement eu à faire trop souvent à des récalcitrants, peut-être pas de mon espèce, mais des durs à cuire tout de même et la quantité de cheveux blancs qu'arborait leur crâne, laissait supposer qu'ils avaient dû être en nombre suffisant !

J'ai tout de même obtenu mon baccalauréat à dix points de la mention en ne faisant pas grand-chose pendant quatre ans et en terminant ma dernière année avec 1/20 en matière principale.

Depuis le début de ma scolarisation, je n'avais jamais pu m'adapter à l'enseignement. J'apprenais des choses qui la plupart du temps m'étaient abstraites, sans savoir pourquoi, on me demandait de faire des choses sans en comprendre la nécessité…

Le français et les sciences naturelles étaient mes matières favorites cependant.

Au lycée, les ordinateurs venaient de faire leur apparition. on travaillait à l'époque sur le tableur Multiplan et il fallait absolument tout créér, la structure du tableau (coins, lignes, jonctions ligne colones, etc) comme son contenu. J'étais le meilleur pour créer les formules de calcul à intégrer. J'aimais cela, ça me venait tout seul, je visualisait la solution et par le fait, était devenu la roue de secours pour la professeure.

Mes centres d'intérêt extrascolaires étaient principalement orientés vers la géologie, la biologie et la paléontologie. Cela me fascinait, les dinosaures, fossiles, les minéraux, les champignons, la faune du monde, les poissons et les océans, j'emmagasinais toutes les informations que je pouvais trouver sur ces sujets, les classais et m'y plongeais sans retenue.

Sinon, à l'adolescence, la musique est devenue ma raison de vivre.

J'ai souvent, et plus particulièrement à partir du collège, ressenti le professeur comme une autorité sanctionnatrice, j'avais l'impression d'être pris au piège, victime d'une soumission, d'une injustice, je ne comprenais pas le sens de cette contrainte et avais le sentiment d'un endoctrinement, on m'imposait un mode de pensée, de fonctionner unique alors que rien ou peu me rapprochait de mes congénères.

Chez certains de ces enseignants, je ressentais la suffisance, la jouissance d'un sentiment de supériorité.

Je ne devais pas me tromper de beaucoup sur ce point lorsque l'idée m'est venue d'utiliser les crochets du tableau servant à suspendre les grandes cartes pour y accrocher par les vêtements le professeur de mathématiques en dernière année de collège.

Cette petite dame réputée pour être sévère, portait la méchanceté sur son visage. Elle m'humiliait à chaque cours devant la classe et me prenait pour bouc émissaire. Ce sont mes camarades qui m'ont empêché de mener à bien mon projet au moment où les pieds de cette petite dame commençaient à quitter le sol.

Bien évidemment, le cours a été annulé et ma convocation chez le directeur n'a pas traîné.

Visiblement, la petite dame avait déjà quelques plaintes de parents depuis un bon moment, car, après m'être expliqué, on m'a demandé uniquement de présenter mes excuses, ce qui était le minimum j'en concède. La surprise par contre a été son interdiction future d'enseigner aux élèves de troisième.

Pour ma part, habituellement sans amis et invisible, je suis devenu le héros du collège pendant quelques récréations avant de retomber dans l'anonymat.

J'avais dû soulager quelques rancœurs.

Après l'obtention de mon bac, mon souhait était d'entrer à la faculté.

Je m'étais mis en tête qu'enfin j'allais toucher la vraie nature du travail, le sens à toutes choses, une raison enseignée par des professionnels et c'est la faculté de droit qui m'attirait. Être juriste me faisait rêver. J'aimais les livres, j'ai toujours aimé les livres. Partout où la vie m'a porté, il m'a toujours fallu recomposer une bibliothèque. L'histoire du droit, le droit constitutionnel, civil, j'adorais cela.

Mais les idées que l'on se fait d'une chose ne collent que rarement à la réalité et mes illusions se sont éteintes assez rapidement.

En droit civil, la professeure des cours magistraux, entrait dans l'amphithéâtre, lisait son propre ouvrage sans en lever la tête puis quittait l'auditoire. Notre tâche se résumait à recopier ce qu'il suffisait d'acheter en librairie.

En droit constitutionnel, les filles étaient avantagées pour l'obtention de bonnes notes. Le professeur avait une fumante réputation !

Les corporations qui animent la faculté et vous engagent à adhérer à leurs idées sont d'une débilité navrante. Il faut se mettre un chapeau ridicule sur la tête et y arborer des décorations toutes aussi stupides obtenues aux grés des beuveries, conquêtes amoureuses, coma éthylique, garde à vue pour état d'ivresse et j'en passe des plus absurdes. Je n'ai jamais pu adhérer à un consensus, suivre un troupeau, porter un uniforme, appartenir à quoi que ce soit, suivre des rites, etc.

Finalement, dans cette fac, je n'y ai trouvé aucun partage, échange et seuls les cours de travaux dirigés deux fois par semaine me permettaient d'avoir un contact humain ; mais lorsque vous tombez sur une petite dame prétentieuse et hautaine (encore une !) semblant avoir un complexe d'infériorité et avoir un problème avec les grands (que j'étais), habillée haute couture et se ventant, dans un égo démesuré, de connaitre le Président de la République en personne pour vous dire que :

-« C'est un petit filou !»

Vous vous dites que le cauchemar se répète et qu'il est temps de songer à faire autre chose, de fuir la pluie avant que l'orage ne s'abatte.

J'ai quitté la faculté avant la fin de ma première année, une déception de plus, l'acte final de mon échec scolaire.

Il me fallait donc investir le marché du travail, mais quoi faire ?

J'étais passionné par l'aquariophilie marine et plus particulièrement par la maintenance des coraux, invertébrés.

J'étais membre d'un club aquariophile dont j'avais développé la section « invertébrés marins ».

Un des rares magasins proposant ces animaux était une animalerie au fond d'une grande jardinerie.

Le rayon eau de mer était misérable et je demandais un rendez-vous afin de proposer mes services.

Pas de rendez-vous possible, ils n'embauchaient pas.

Durant un mois, très régulièrement, j'errais dans le magasin à la rencontre du directeur en lui rappelant que mon projet pour son rayon aquariophilie et mon embauche multiplieraient par dix son chiffre d'affaire ; qu'il pouvait m'embaucher avec un contrat de trois mois et se débarrasser de ma personne s'il n'était pas satisfait à l'issue de celui-ci.

A l'usure, il a fini par craquer !

J'ai suivi mes certitudes, tenu mes objectifs et donc mes promesses ; j'ai refondu complètement la section, ai développé le secteur, créé des décors en résine dans chaque aquarium et suis devenu le distributeur le plus performant de toute la région.

J'ai acquis ainsi dans l'acclimatation et la maintenance une expérience unique tant le volume d'animaux brassé était énorme pour une petite boutique. Le chiffre d'affaire a suivi mes prétentions.

Afin d'attirer un plus large public et faire connaître le magasin, j'ai proposé un projet d'aquarium à requin.

Le bénéfice de l'attrait de cet évènement pouvait profiter à l'ensemble de l'entreprise, jardinerie comprise, en déclenchant des ventes impulsives.

Mon projet a été validé. Je l'accompagnais d'une proposition de publicité pleine page dans un journal local. Proposition acceptée également.

Ma renomée était telle que ma clientèle venait des départements voisins et même du pays voisin comme la Belgique, situé à cent cinquante kilomètres.

Entre mon expérience acquise par mon travail et les échanges de celles de mes clients, bonnes ou mauvaises, mon niveau d'expertise avait atteint une certaine réputation remarquée par les professionnels du secteur comme le plus gros fournisseur national d'animaux marins.

J'ai rencontré ce dernier sur Paris assez rapidement et avons sympathisé tout de suite.

J'étais surpris du respect qu'ils avaient pour mes compétences et des liens de bonnes relations se sont noués, des liens supérieurs à ceux de client/fournisseur.

Je devenais donc le client le mieux servi du métier, j'obtenais des pièces uniques, rares, et le bruit a rapidement circulé que j'offrais le meilleur à des départements à la ronde.

Mais vendeur n'était pas mon terrain de jeu, j'avais besoin de créer, produire, réfléchir à un autre projet, il me faut toujours avoir une idée en tête.

Ce même fournisseur m'a fait part d'une création d'animalerie à cent cinquante kilomètres de là. Il connaissait bien le responsable et me mettait en contact avec le CEO qui m'a embauché sur-le-champ.

Ma mission était de mettre les quarantaines en service ainsi qu'un aquarium récifal d'exposition et des bacs de ventes.

Choses faites, le même processus s'est enclenché sauf que cette fois-ci, les clients venaient directement acheter à l'ouverture des caisses lors des arrivages, je n'avais même plus besoin de stocker les animaux au préalable.

Je me suis vite retrouvé dans mon costume de vendeur qui emballait des poissons rouges et mon effervescence cérébrale s'étiolait rapidement.

J'ai été contacté par le responsable aquariologique d'un musée, un « Aquarium », que j'avais rencontré quelques années auparavant dans le cadre de mon projet de bac à requin.

Il m'informait de son souhait de m'intégrer à son équipe «Tropicale » pour l'extension qui devrait être inaugurée deux ans plus tard et me demandais si j'étais intéressé.

Pour être intéressé, je l'étais ! C'était ma chance, mon rêve. Accéder à ce genre d'installation était inespéré.

Les postes sont rares dans ce milieu, mais c'était situé à trois cent kilomètres d'où nous vivions avec mon épouse.

« Si c'est ton rêve, vas-y !» a-t-elle dit… Décision d'une valeur inestimable. Elle est toujours derrière moi à soutenir mes projets.

J'y suis resté deux années. J'habitais dans un studio sous les toits, et me rendais au travail à vélo.

Le salaire qu'ils proposaient était une misère, j'ai dû accepter un contrat précaire d'accès à l'emploi.

Il y avait des permanences certains week-ends et parfois je ne pouvais pas rentrer voir ma femme. Les autres week-ends, je rentrais par le train, moyen de locomotion souvent affecté par des grèves récurrentes, nous volant un peu plus le peu de temps que nous avions en commun. Arrivé à la gare, ma femme venait me chercher et il nous fallait encore une heure de route en voiture pour nous retrouver chez nous.

Nous vivions chichement, les deux appartements et leurs charges, mes trajets en train, etc., absorbaient la presque totalité de nos deux petits salaires.

C'était une situation très inconfortable mais je me suis investi au maximum dans ma mission.

Mes compétences m'ont permis de développer plusieurs projets. Nous avions la chance d'avoir à proximité un centre scientifique équipé de matériel performant. J'ai donc pu mettre en place un programme d'étude de la croissance des coraux sous différentes sources lumineuses, que nous pouvions analyser à l'aide d'un quantum mètre et déterminer qu'elles seraient les meilleures ampoules qui équiperaient les projecteurs des bassins de l'extension.

J'ai également dimensionné et mis en service les nouvelles quarantaines dont le but principal était de développer les reproductions de coraux en milieu artificiel afin de limiter les prélèvements dans la nature et favoriser les échanges entre musées.

Des bureaux d'ingénierie avaient évidemment rendu leurs études et plans sur le traitement d'eau et les salles de filtration. A l'étude de leurs plans, mon analyse concluait à plusieurs incohérences, des erreurs de débutant. Le traitement d'eau des bassins Récifal et Lagon ne pouvait pas fonctionner et aurait causé des troubles tant techniques que biologiques.

J'ai donc fait des propositions de modification en justifiant mon constat. Des nouveaux travaux ont été engagés afin de remédier aux problèmes.

Un cabinet d'architecte parisien renommé avait fait une proposition de décor pour le Lagon. La maquette était jolie, certes, mais irréalisable et donc inutile.

J'avais en parallèle créé ma propre maquette avec un assemblage cohérent des références de décors artificiels disponibles en catalogue. Mise en place, quantitatif, et budget, mes rapport et maquette ont été retenus.

L'inauguration de l'extension a été un succès et la satisfaction de la direction totale.

Une autre institution, localisée dans le sud de la France, projetait un agrandissement de sa section aquarium avec un bac récifal et une pépinière de corail. Son responsable aquariologique était venu en stage dans mon service dans le but de s'informer sur la maintenance des invertébrés en captivité.

Une semaine de stage était trop court, il m'a donc proposé de venir travailler pour eux.

Après de courtes négociations, je suis parti exercer ma profession au soleil.

J'ai conçu, donné mes recommandations puis mis en service la nouvelle structure.

Depuis plusieurs années, un fabriquant d'aquarium me démarchait pour venir travailler pour sa société.

Je l'ai recontacté après trois ans pour savoir s'il souhaitait toujours bénéficier de mes services.

Après toujours de courtes négociations, j'ai migré dans sa société.

J'ai monté des projets de quelques milliers à plusieurs dizaines de millions de dollars américains.

Gestion des budgets, recherche de fournisseurs, négociation des prix, traitement d'eau et dimensionnement, dynamique des fluides, peuplement, éclairages, création des décors, fabrication, tels étaient mes domaines de prédilection.

Mais les projets ne tombaient pas tous les jours et la routine devenait vite pesante.

Mon travail se résumait à l'entretien de petits aquariums ou à leur fabrication, il n'y avait pas d'avenir.

A ce stade, soit l'on se contente de ce que l'on a, soit on réagit et décide de prendre son destin en main.

La résignation n'est pas ma destinée, mon ambition doit créer, illuminer, défier, les idées doivent fuser, je dois trouver des solutions à des problèmes, user de la réflexion, logique, me projeter, etc.

La fonction publique ne rendait pas heureuse mon épouse, alors nous avons décidé de ne plus travailler pour les autres et de créer notre propre projet.

J'avais vingt-sept ans, il nous faudra dix ans pour constituer son dossier et prendre la décision de changer de vie.

C'est une appellation d'origine amicale.

J'ai toujours été différent, à part des autres.

Mes facilités pour les arts, musique, la technique, ma façon de penser, d'appréhender les choses, m'ont toujours valu de la part de mes relations des noms divers.

Ma différence réside essentiellement dans le fait que je ne me donne pas de limites. Je ne bloque pas mon esprit devant un problème. Combien de personnes me disent :

« Waouh ! C'est magnifique, je serai incapable d'en faire autant!»

Très souvent, devant l'une de mes réalisations, les gens ont le réflexe de se comparer. Quand je leur pose la question de savoir s'ils ont déjà essayé, ils me disent que non, qu'ils n'en sont pas capables, qu'ils n'ont pas de talent.

Essayer, c'est déjà envisager l'échec, la possibilité que l'on n'y arrivera pas.

Je n'essaie pas, je fais, c'est tout. J'en ai envie, alors je ne me pose pas plus de question et met tout en œuvre pour y arriver.

Beaucoup de choses me fascinaient lorsque j'étais enfant et je rêvais de les posséder. Soit, elles n'existaient pas, soit je n'avais pas d'argent pour en faire l'acquisition.

J'ai donc commencé à me dire qu'il serait intéressant de les faire moi-même.

J'ai appris à connaître les matériaux, à prendre mon temps, à faire puis défaire et refaire pour améliorer le rendu final.

Le plus important n'est pas le résultat, mais la démarche intellectuelle par laquelle le travail prend forme, le bonheur que l'on éprouve lorsque l'on crée, la peine que l'on éprouve à devoir arrêter en fin de journée, puis l'envie qui se met à bouillir à l'idée de se remettre à l'ouvrage, la joie du moment présent, puis ensuite, peut-être, celle de la satisfaction.

Faire les choses ne dépend pas du talent, mais de la volonté de les réaliser et lorsque vous démontrez à votre interlocuteur ce qui vient d'être dit, la réponse prend une soudain une once d'honnêteté :

« Oh oui ! Mais ça prend du temps et je n'ai pas envie ».

Tout est dit. C'est la raison pour laquelle je n'apprécie que très rarement les compliments. Je n'accorde de la valeur à ces derniers que lorsqu'ils proviennent de personnes impliquées dans le sujet, capables, volontaires, déterminées.

Les flatteries m'indisposent, seule la reconnaissance me touche.

Être soi-même et le rester est le plus important, qu'importe la destination, c'est le voyage et la façon dont on l'aborde qui compte.

J'étais souvent catalogué par mon entourage pour ne jamais terminer ce que je faisais.

- « Il commence tout et ne finit rien ! »

Les arts sont la liberté, ils sont insondables, infinis, tout est possible imaginable. Ils demandent une liberté de l'esprit, une disponibilité intellectuelle et l'inéluctable condition de prendre du plaisir en les pratiquants.

J'ai toujours mené à terme ce que je faisais. Certaines toiles ont été achevées en une année, certaines sculptures sur plus de deux ans.

Minutieux, je ne suis jamais satisfait du travail accompli ; toujours faire mieux, prendre du recul. L'œil s'habitue et laisser pour un temps son travail de côté permettra d'y revenir avec un œil neuf plus tard. J'ai appris à savourer le temps et à ne jamais précipiter l'action. L'attente favorise l'objectivité.

Je suis exigeant, peu tolérant et il m'est difficile de travailler avec les autres comme il est difficile pour les autres de travailler avec moi !

Je sais ce que je veux et mes objectifs sont clairement définis.

J'ai l'habitude de travailler rapidement, j'ai besoin d'un rendement, une efficacité. Les réactions doivent percuter.

J'ai généralement une vision assez rapide des stratégies et techniques à utiliser pour mener à bien un projet quand cela m'est nécessaire, mais une grande part d'intuition entre en jeu et personne d'autre que moi ne peut y trouver une lecture.

Alors je me sens plus libre lorsque je travaille seul.

Devoir fournir des explications pour permettre à quelqu'un de m'assister me fait perdre du temps, celui qu'il m'aurait fallu pour effectuer sa tâche.

Sans pour autant avoir un niveau élevé dans un domaine, j'ai une capacité de lecture technique qui me permet d'identifier les bons et mauvais gestes, de trouver des solutions rapidement, comme si en un coup d'œil, les pièces d'un puzzle s'imbriquaient d'elles-mêmes dans ma tête.

Enfant, par exemple, je montais les meubles en kit que mes parents achetaient sans utiliser de plan de montage. J'ai souvent été mis à contribution pour enseigner en équitation dans un grand centre équestre, alors que je n'étais qu'un simple cavalier.

Lorsque je travaillais ma voix en vue d'entrée dans un cœur de l'opéra, j'entendais instantanément si la note chantée par un élève était poussée de la bonne façon. Quand j'étudiais le piano, je pouvais identifier à l'oreille n'importe quelle note du clavier les yeux fermés.

Je regarde, j'observe, je me documente et je sais ce qu'il faut faire, ce qui ne veut pas dire que j'y arrive nécessairement !

J'observe, suis à l'écoute des autres et prend toujours en considération leurs remarques, conseils et suggestions, mais nos différences étant, je me fie généralement à mon instinct, mon analyse.

Je ne décide jamais de suivre un cap sans discernement, réflexions et études. Il faut donc des arguments solides et censés pour me faire changer de route.

Je joue du piano, de la guitare, du violon, de la batterie, je touche à l'harmonica ou à la flûte, j'ai travaillé le chant lyrique, j'aime peindre, sculpter le bois, souder le métal, modeler des figurines, dessiner au crayon ou à l'encre.

Je n'excelle dans aucun de ces domaines et c'est ma décision. J'ai favorisé mon ouverture d'esprit à des univers différents et le niveau atteint dans chacun d'entre eux suffit à mon plaisir.

Les personnes qui qualifiaient mon « papillonnage » de superficiel, n'ont jamais compris l'essence de ma démarche, ils en étaient d'ailleurs incapables et à ma connaissance, n'ont jamais atteint mon niveau dans seulement un seul de ces domaines.

Dans la construction de notre hôtel nous avons utilisé des tonnes de roches, pierres en tout genre que nous avons récoltées en montagne, en bord de mer ou sur les berges des rivières.

La plupart de nos clients s'étonnent de l'agencement de ces dernières, de la fusion du bois et de la pierre.

Lorsque je suis dans un champ de roches dans le lit d'une rivière, en balayant le décor du regard, les roches m'appellent, elles me parlent en quelque sorte et semblent passer en mode surbrillance pour parfaire d'attirer mon attention.

Elles s'imbriquent dans mon esprit et leur positionnement s'impose dans leur destination finale.

Il n'y aura pas deux façons de les positionner.

Je suis tombé sur un documentaire il y a peu qui traitait des jardins zen et ai été surpris d'entendre un architecte et moine zen s'exprimer de la même façon.

Je suis effectivement sensible au Wabi-Sabi, cette beauté dans l'imperfection, l'aléatoire, le naturel. La culture japonaise est fascinante, le moindre est poussé à l'extrême dans l'excellence. L'artisanat prend donc une part importante dans mes activités, mon appréhension du devoir à accomplir et à offrir.

Notre hôtel est qualifié d'unique, c'est une prestation haut de gamme, quatre étoiles, un hommage à la nature, au travail fait main, à la recherche de l'élégance, de l'excellence et de l'intégration dans son environnement.

Il n'y a ni marbre ni or, mais bon nombre de clients nous classent comme un hôtel de luxe.

Notre démarche est alors comprise.

Les sons sont également d'une extrême importance, je suis très sensible à la musique, aux voix, aux intonations. Je décrypte en permanence ce que j'entends comme ce que je vois avec toujours une transposition émotionnelle in fine.

Je sens le mensonge, la fausseté, mais la sincérité aussi dans la façon dont s'exprime une personne et il me faut souvent entendre quelqu'un d'abord pour que je baisse ma garde et devienne accessible.

On me dit doué, artiste, musicien, peintre ou sculpteur, on m'a qualifié de dieu, de phénomène, d'encyclopédie vivante, d'impressionnant, mais je ne suis rien de tout cela.

Mon rapport aux éléments n'est pas le même que celui des autres, alors il est normal que nos perceptions d'une même chose soient différentes.

Si je ne me sens pas de ce monde, ce n'est pas la résultante d'une distorsion avec lui, mais bien avec ceux qui le composent.

Aucune chance donc que je sois un extraterrestre !

J'ai lu la Bible, le Shintoïsme, le confucianisme, le Bouddhisme, le Taoïsme et suis en train de lire le Coran.

Toutes les religions sont passionnantes et m'intéressent, elles sont à l'origine des peuples, des cultures, elles ont façonné l'histoire et c'est au regard de tout cela que je n'en ai adoptée aucune, ni aucun dieu.

Je ne suis pas antithéïste, plus agnostique qu'athée, je respecte et comprend celui qui croît, la tolérance étant mère de compréhension.

Etrangement, ne pas avoir de religion en présence de croyants est souvent mal perçu. Ma tolérence ne semble pas trouver d'écho. Mais si Dieu est amour, alors pourquoi faudrait-il qu'il y ait une sélection partiale de ceux aptent à le recevoir?

Si Dieu existe comme il est souvent décrit, alors je ne me fais pas vraiment de soucis lors du jugement dernier et suis persuadé que ma conduite, aussi imparfaite puisse-t-elle être, prévaudra sa compréhension et pardonnera mes absences de prières et génuflexions.

La vérité réside dans l'esprit, jamais dans le geste. S'il suffisait de faire pour être…

Les nombreux exemples vécus de comportements inacceptables, radicaux parfois, de pratiquants religieux évoluant dans mon entourage, m'ont éloigné depuis longtemps de ma confession catholique de naissance.

A l'issue de mon catéchisme, j'ai refusé de faire ma communion. Il n'y avait pas un enfant qui ne croyait entre autres choses qu'au volume de cadeaux qu'ils allaient glaner pour l'occasion.

Faire les choses sans conviction ne m'a jamais habité.

Faut-il avoir un Dieu pour aimer son prochain ?

Faut-il un Dieu pour être honnête ?

Faut-il une église pour être un homme de bien et de convictions ?

Faut-il avoir une icône à aduler pour demander pardon, expier ses fautes ?

Je fais de chaque jour une opportunité d'être meilleur, de m'excuser si j'ai commis une erreur, de dire aux gens que j'aime que je les aime.

Je n'appartiendrai toujours qu'à moi-même et moi seul décide de mes actes et pensées.

Ainsi je ne fume pas, ne bois pas d'alcool à l'exception d'un bon vin rouge lors d'un bon repas, n'ai jamais consommé de substances illicites, je ne laisse aucune opportunité à quelqu'un ou quelque chose de me contrôler.

Non je ne suis pas apolitique, mais comment s'engager dans une farce, militer pour une bouffonnerie ?

Comment croire ce que je vois, ce que j'entends ?

L'ineptie, la moquerie sont évidentes et le discernement des masses inexistant.

Non je ne lèverai pas le poing pour un guignol de plus simplement parce que le costume est différent.

Je n'appartiens à aucun consensus, je garde ma liberté d'être et de penser.

Dans notre monde d'Égalité, Liberté et Fraternité, toutes ces valeurs ont été bafouées depuis longtemps dans la plus pure impunité, aux yeux de tout le monde et sous applaudissements.

Politiques, religions, médias, la population d'un pays, tout est déjà sous contrôle et le sera encore plus dans le futur.

C'est un jeu de pouvoir dans lequel nous sommes tous impliqués, manipulés faute de pions. Nous sommes les pions.

Il n'y a rien que je puisse cautionner dans le pouvoir.

Gouverner, diriger son entreprise, n'est pas un acte de pouvoir, c'est un acte de responsabilité qui pour atteindre la réussite, doit s'inscrire   dans   son   respect.

Dans mon premier emploi, il m'est arrivé une seule fois en trois années d'être grippé avec de la température pendant une semaine. J'ai refusé l'arrêt de travail du médecin pour ne pas cesser de travailler et honorer mes responsabilités.

La semaine m'a été pénible et à l'issue de cette dernière, j'ai reçu une convocation chez le directeur, un individu dont la vulgarité, la bêtise et la médiocrité étaient de notoriété publique.

La question était :

« Cela fait une semaine que j'te vois trainer les pieds dans le magasin ! C'est quoi ton problème ?».

Je lui expliquais la situation mais visiblement la compréhension et le respect de ma motivation à continuer de travailler au lieu de rester à la maison avaient échappé à ses neurones et j'ai écopé d'un :

« Des mecs comme toi, j'en chie tous les matins !».

Dans mon second emploi, qui se trouvait alors à cent cinquante kilomètres de mon lieu de résidence, lors de mon entretien d'embauche, le CEO de la compagnie qui m'avait convoqué à vingt heures, m'a fait pendant quatre heures l'éloge et l'étalage de son curriculum vitae, de son statut d'élite de la société, de sa présence dans les fichiers des « chercheurs de tête ».

Visiblement, c'est lui qui se vendait à moi et non l'inverse. Je n'en pouvais plus de l'écouter vanter sa personne et lorsqu'il m'a libéré après minuit, j'ai repris avec difficulté, saoulé de ces boniments, la route dans l'autre sens.

Pendant deux années, j'ai mis en service et lancer la section aquariophilie de ce magasin avec succès.

Lorsque je suis parti, j'ai dû batailler pour toucher mes salaire et indemnités. Le CEO en personne tentait de me subtiliser quelques centaines d'euros.

J'ai obtenu gain de cause car mon calcul était celui de la réalité et de l'honnêteté.

Il m'a alors fait part de toute l'estime qu'il avait pour moi et de l'ampleur de sa déception liée à la façon dont notre relation se terminait.

Je lui ai donc rétorqué qu'au regard de la qualité du travail que j'avais accompli durant ces années pour un SMIC mensuel, j'avais grandement honoré sa confiance comme ma réputation et qu'en l'état actuel des choses et compte tenu de son attitude supérieure permanente et de son manque d'honnêteté, je n'avais jamais eu aucun respect pour lui.

Il a été vexé.

Dans mon troisième emploi, je travaillais pour une misère sous un contrat précaire. Il y avait des permanences le week-end, je finissais parfois après vingt heures et ne pouvais pas toujours rentrer voir ma femme à trois cents kilomètres de mon lieu de travail le week-end.

Je rentrais en train et ma dépendance à la volonté de travail de cette machine et de ceux qui la conduisent, nous gâchait souvent notre déjà trop courte fin de semaine.

Je passais beaucoup de temps à travailler sur les différents projets de l'extension et étais sollicité très souvent par mon responsable. J'ai fait un travail colossal d'ingénierie, biologie et d'architecte. J'ai conçu et réalisé, j'ai tenu mes prétentions et délais, mais étais cependant méprisé par la direction qui avait des difficultés à accepter que de petites gens loin des hautes sphères puissent avoir des compétences et influer sur ses décisions. Mes résultats et rapports étaient indiscutables car réfléchis, nourris par mon expérience, mon savoir-faire et mon expertise.

J'ai à plusieurs reprises été humilié de front par le directeur en salle de réunion devant les ingénieurs, chefs de chantier et architectes. Insupportable, j'ai à une reprise, quitté l'assemblée.
Mais le choix de mes propositions était le seul viable, véritable.
Je dois souligner cependant l'intelligence du directeur des lieux, qui en dépassant son égo, s'est autorisé, à huis clos, à me féliciter pour le travail accompli.
Alors que j'effectuais la tournée de fermeture de l'établissement, en observation devant l'aquarium du lagon, un bac de deux cent cinquante mille litres, il est arrivé dans mon dos et m'a dit :
- « Vous contemplez votre travail ? Et bien vous pouvez en être fièr » avant de s'évaporer…
Je resterai deux années.
        Dans mon quatrième emploi, j'étais l'adjoint du responsable de la section aquarium. C'était un malade mental, un sadique imbu de sa personne, une référence en matière de pervers narcissique.
Tout le monde souffrait de son comportement ; un dictateur ; il méprisait les gens en dessous de sa fonction.
Les stagiaires pleuraient, sa femme qui travaillait dans le service venait se plaindre à moi et pleurait tout ce qu'elle pouvait même une semaine avant son mariage.
C'était un calculateur, sa façade de « gros nounours » était parfaite, ne laissait rien transparaître et personne n'osait le contredire. La pression, les tensions étaient permanentes.
Pendant plusieurs mois après mon arrivée, il était d'une gentillesse incroyable, avenant, prévenant, disponible.
Au fur et à mesure que le projet d'extension avançait et que je délivrais mes conseils, son attitude changeait.
L'inauguration passée, sa véritable personnalité a pris place.
Évidement insupportable, il m'est arrivé d'avoir des conversations à plusieurs reprises sur son attitude.

Sa réponse n'a eu d'égal que sa médiocrité :

« Maintenant que tu as quitté ton ancien emploi, tu es coincé ici, j'ai simplement été sympathique à ton égard pour que tu me transmettes ton savoir, c'est tout ».

Je resterai trois années. Je prendrai mon temps pour planifier mon futur, mais penser que je puisse être coincé n'aura été qu'une erreur de plus dans son raisonnement d'être perturbé.

Dans mon cinquième emploi, j'étais le second du CEO.

Je suis resté huit années.

Il ne tiendra jamais les accords de rémunération en partie verbaux, fort heureusement en partie, établis lors de notre entretien d'embauche.

Il voulait que je travaille pour lui, j'avais mes exigences, il ne pouvait répondre à toutes et me promettait le solde au coup par coup. J'acceptais… à mes dépends.

Son épouse qui siégeait à la direction m'a tout de suite informé de son opposition à mon embauche car je coûterai trop cher à la société et avec l'aide de l'un de ses fils, se chargera de me mettre des bâtons dans les roues tout au long de mon séjour dans cette entreprise.

Le ton était donné, mais je commençais à être rôdé aux phénomènes.

J'ai monté des projets de plus de cinquante millions de dollars américains, je gérais toute la partie technique et peuplement, gérais des enveloppes de plusieurs centaines de milliers de dollars et savais ce que je dépensais dans chacune d'elles.

A l'issue de ce projet, je faisais part de mon salaire à mon employeur et de ces promesses non tenues depuis mon embauche. Sa réponse à été :

« Tu es quand même mieux le cul derrière ton bureau plutôt qu'à gratter la merde des aquariums !».

Je n'ai pas fait de grosses études, ma scolarité a été un échec, j'en ai déjà parlé, mais je n'ai pu me contenter de ce constat et en réaction, ai décidé d'exister par moi-même pour atteindre un niveau de compétences élevé, convoité, jalousé parfois, à l'origine de mon seul travail, d'une dose de chance, la provocation de cette dernière, mon ambition, ma ténacité, ma rigueur et méthodologie, ma conscience professionnelle, preuve irréfutable du respect de ma personne et de l'autre.

Mais tout cela ne vaut pas un bon bout de papier de fin d'études, un joli diplôme qui atteste que vous avez bien lu le bouquin, que vous êtes conforme à la norme et que vous êtes prêt pour la vraie vie.

Etre un bon élève est une chose, être capable de s'adapter, de mettre en application ses acquis conjointement à ses propres capacités humaines en est une autre.

Cette institutionnalisation de la reconnaissance a servi de support à l'exploitation de mon savoir et de ma personne tout au long de ma vie. J'ai été littéralement vampirisé. Rentrer chez soi le soir et en tirer un bilan positif est extrêmement difficile.

Il a fallu surmonter la colère, l'indignation, l'impuissance, le constat de soumission, l'injustice, la peur de perdre son emploi, la dépendance à la médiocrité, la bêtise humaine, l'injustice et la prise d'antidépresseurs, pour une très courte durée car étant seul à contrôler mon être, je ne pouvais tolérer la prise quelconque d'un succédané biaisé de volonté.

Les circonstances ne nous laissent parfois pas le choix, mais lorsque nous l'avons, il ne faut pas le laisser filer. J'aurais pu me contenter d'ingérer des gélules et attendre que ça aille mieux. Mais j'avais le choix de cesser de me considérer comme victime et trouver des alternatives devenait une priorité.

Ne serait-ce que cette démarche, cette volonté de changer, de bouger, cette prise de conscience que certaines choses sont à notre portée et qu'il ne tient qu'à nous de les saisir, génère du positif et permet de rebondir.

Devenir mon propre patron, gérer mon affaire, monter mon propre projet et non ceux des autres qui s'engraissaient sur mon dos, exploiter mes capacités pour mon propre compte, s'imposait comme la meilleure option.

Je l'ai fait et n'ai jamais oublié que le succès d'une entreprise dépend de ceux qui la composent.

Je suis un entrepreneur, un chef d'entreprise mais n'oublie pas que si mes employés ont besoin de moi, j'ai moi aussi besoin d'eux.

J'ai tenté d'expliquer, mais en vain, à l'épouse de mon dernier patron que pour être respecté des autres, il fallait en premier lieu être respectueux soi-même, condition non négociable pour devenir, un jour peut-être, une personne respectable.

Mais trop de colère, conflits, émanent de sa personne, je suis persuadé du trop peu de respect qu'elle semble s'accorder.

J'ai besoin d'avoir le cerveau occupé, quelque chose à créer, un projet sous le coude de quelque envergure qu'il soit. J'aime m'asseoir à un bureau et brasser du papier, travailler sur un dossier, me documenter, aligner des chiffres, classer (j'adore les boîtes !)…

J'observe, j'écoute, j'analyse.

J'aime le calme, me poser quelque part et m'évader dans mes songes. Je travaille souvent seul.

Au quotidien, je ne suis pas nécessairement un grand bavard, j'ai trop à penser et passer des heures sans ouvrir la bouche me convient parfaitement.

J'ai un perpétuel besoin d'avancer, de planifier, d'anticiper.

Dans le passé, je me promenais toujours avec un carnet et stylo en poche afin de prendre des notes pour les textes de mes chansons lorsqu'une idée me venait.

Je ne me satisfais jamais du travail accompli.

Plus jeune, on disait que j'étais trop perfectionniste. On ne l'est jamais assez, il y a toujours la possibilité de faire mieux, d'améliorer.

J'ai cependant appris à évaluer la nécessité du niveau de finition et à ne pas perdre de temps plus que la tâche ne le requière.

Alors au bout d'un moment à retourner le projet dans tous les sens, je décide de passer à autre chose, souvent après avoir consulté mon épouse pour validation.

Accumuler des données, apprendre, m'instruire, j'ai une soif insatiable d'enrichissement.

J'aime les livres, la vue d'une bibliothèque, je consacre mes fins de soirées sur internet à la recherche de nouveaux documentaires.

Tous les sujets m'intéressent, je ne ferme la porte à aucune source de connaissances ; politique, histoire, pays et civilisations, arts, haute couture, économie, santé, architecture, biologie marine, haute horlogerie, joaillerie, artisanat en tout genre, tout ce qui peut m'apporter du savoir suscite mon intérêt.

Je découvre ainsi régulièrement de nouveaux sujets d'attention au gré de mes voyages, rencontres, etc.

Il m'est difficile d'éteindre la lumière avant de me coucher sans avoir nourri mon esprit de lecture.

C'est un peu comme ouvrir une porte, se déconnecter des obligations diurnes pour mieux plonger dans le sommeil.

Alors que dans le passé, la bousculade cérébrale me perturbait, chaque idée en nourrissant de nouvelles pour souvent passer du coq à l'âne et finir aux antipodes de l'origine, j'ai réussi aujourd'hui à laisser ce boucan de côté, comme un ronronnement, j'ai sectorisé les tâches, le traitement des données dans un certain confort aujourd'hui plutôt agréable.

Les belles boutiques me fascinent. J'aime flâner le long des vitrines et bercer mon regard à la lueur des éclairages judicieusement étudiés, disposés.

Je suis très sensible aux ambiances. Les designs, architectures, le choix des matériaux, leurs associations et leurs finitions, la musique distillée ou bien le silence, autant d'ingrédients qui, savamment agencés, composent l'alchimie de l'esthétique destinée au bien-être du client. C'est planant !

Cette sensibilité me vient peut-être de mon oncle maternel.

Un héritage transmis durant mon enfance.

Il était décorateur de vitrines pour les grands magasins de l'époque de ma ville natale. Il remportait tous les ans le premier prix de la plus belle réalisation aux périodes de fêtes de fin d'année.

C'était un artiste de talent, un « touche à tout » avec un souci du détail extraordinaire, une maîtrise des matériaux impressionnante jusqu'à fabriquer une prothèse d'aile pour un papillon recueilli et blessé.

Son intérieur était soigné, le mobilier de type Louis XV dénotait avec le quartier où il logeait, mais, avec ma tante, ils étaient des gens instruits et élégants.

Amateur de bonnes choses, il était un fin cuisinier toujours à la recherche du raffinement.

Lors des réunions de famille, il avait toujours une attention pour moi. Il avait anticipé ma venue et m'avait soit confectionné quelque chose comme un caléidoscope, ou une marionnette, ou bien collecté des images sur des animaux ou autres, mais toujours une pensée pour éveiller mon esprit et m'occuper pour la journée pendant laquelle ils jouaient aux cartes avec mes parents.

Je garde toujours à l'esprit ses souvenirs et le ressenti que j'avais à ce moment.

J'ai toujours eu le goût des belles choses pour leur aptitude à synthétiser l'harmonie. La séduction de l'œil, une attirance immédiate et l'objet s'octroie une âme, nous parle, nous transmet les émotions longuement accumulées sous la patte de l'artiste, un échange s'opère, une relation s'établit.

L'élégance, le raffinement dans le geste, la pensée, la parole, répondent aux mêmes lois.

Ce qui est beau est agréable à voir, à entendre, à dire, à porter.

Nous sommes des êtres vivants en perpétuelle relation les uns avec les autres. L'image que nous donnons reflète une partie de notre personnalité.

J'ai toujours soigné mon apparence parce que c'est ainsi que je me sens « bien dans mes baskets ».

J'ai besoin de me sentir propre, habillé de circonstance, avec goût et discrétion.

J'ai le sentiment que mon bien-être doit transparaître et d'une même intention, apporter du plaisir à ceux qui me côtoient.

Devant l'indifférence et l'individualisme qui se généralise, je pense que l'on se doit d'être à la hauteur de la considération des autres, de leurs regards lorsqu'on a la chance de les recevoir.

Aimer la beauté, l'esthétisme est essentiel pour moi, que ce soit à l'extérieur ou dans mon cercle privé ; être un esthète est une chose que l'on ne peut vous ôter, c'est une sensation qu'il nous appartient de recevoir et de percevoir en toute chose pourvu qu'elle nous apporte du bonheur.

Impossible de ne pas consacrer un chapitre à ce pays et plus précisément à sa culture, son esprit qui m'accompagnent au quotidien.

J'ai découvert ce pays un peu par hasard, par le biais du parrain de notre fille, qui commandant de bord d'une compagnie aérienne civile, m'avait proposé de l'accompagner lors de l'une de ses vacations.

L'aller, le temps de récupération sur place puis le retour devait représenter une escapade de quarante-huit heures.

J'avais le choix entre le Brésil, l'Afrique du sud, les Antilles, la Malaisie et Tokyo la capitale du Japon.

Ma première réaction a été:

-« le Japon ? Ah non, surement pas ! »

Je ne souhaitais pas me retrouver dans une mégapole polluée et aspirais plutôt aux grands espaces.

Mais, sur les conseils de mon épouse, le Japon était finalement le seul pays où, dans le futur, je n'envisagerais pas de me rendre. C'est donc dans l'objectif de découvrir l'inattendu que cette destination a retenu toute mon attention.

Le temps sur place était compté et il me fallait l'optimiser pour ne perdre aucune miette de cette ville unique.

J'ai commencé à me documenter, fait des recherches sur internet, acheté quelques livres, puis ai décortiqué le tout pour me faire un planning complet avec un minimum de sommeil.

Au fur et à mesure de mes lectures et de l'élaboration de mon programme, la fascination s'est présentée comme une évidence.

L'histoire, les religions, l'architecture ancienne et moderne, les arts, la gastronomie, la diversité des paysages, etc. Tout me captivait et s'imprégnait dans mes chairs pour ne plus me quitter.

Le choc le plus spectaculaire a certainement été celui de mon ignorance. Celle qui m'enfermait dans des idées reçues, me privait d'une telle manne d'inspiration.

Plus encore, car ce n'est pas d'inspiration réellement qu'il s'agit, mais plus de la résonnance insoupçonnée comme inattendue que cette culture dans bien des domaines s'accordait à mon mode de pensée, de vie.

Ma sensibilité, mes émotions, s'activent au plus haut point lorsque je pense au Japon.

Si l'idée que l'on se fait de quelque chose diffère souvent de la réalité, la résonnance qui avait pris naissance durant mes lectures n'a fait que s'épanouir lors de mon court séjour.

Tout était si évident, coulait si simplement de sens, cela m'a apporté une grande quiétude, un réconfort immense, la révélation que je n'étais pas si différent des autres, que mon esprit pouvait être en phase avec une autre culture que la mienne.

Cependant, je n'envisagerai jamais de m'expatrier dans ces contrées ; pour l'avoir fait dans les Caraïbes, mon constat du « entre le rêve et la réalité » n'en est que plus conforté et je ne souhaite pas confronter ma perception de la culture nippone avec les nippons eux-mêmes.

Je puise dans leur culture tout ce qui m'apporte du plaisir, du bonheur, éveille mes sens, ma curiosité.

J'ai glané sur le net toutes les informations possibles, regardé toutes les vidéos disponibles.

Je me suis passionné pour le cinéma et la littérature japonaise.

Je dois avoir plus de cent cinquante films dans ma cinémathèque avec une préférence pour le noir et blanc, les films de société, d'humains.

Juste des bribes de vie, une incursion dans l'esprit, un huis clos intimiste, la permission de poser son œil sur la lorgnette, de rester derrière le paravent… Je ne m'en lasse pas et serais bien incapable de comptabiliser pour chacun d'entre eux, le nombre de fois visionnés.

C'est même devenu un besoin, il y a des films qui m'appellent. L'impatience d'en regarder ne serait-ce qu'un bref passage (dix ou quinze minutes suffisent à nourrir mon esprit pour la journée) ne fait que croître tant que mon émotion n'est pas satisfaite.

Les estampes de l'époque Edo sont extraordinaires, le procédé de création, de réalisation est incroyable. Les différentes vues d'Edo, du Mont Fuji, des étapes de la Tokaïdo d'Hiroshige me laissent sans voix, je pourrais rester des heures durant à perdre mon regard dans l'une d'entre elles, à méditer sans fin. Autant de vie dans autant de simplicité, la richesse de la nudité… Le plaisir d'en acquérir une de temps en temps est un évènement auquel j'accorde toute mon attention. La recherche, la prise de contact avec le vendeur, l'attente de la livraison puis le moment ultime, l'ouverture de l'enveloppe, accompagnée à cet instant précis de la sustentation du temps, de la respiration… Je sors délicatement le contenu. Une estampe est toujours protégée par une multicouche de feuillet au PH neutre évitant l'altération du document. C'est un peu comme ouvrir des poupées russes. Les feuilles glissent les unes après les autres, c'est le suspens ! puis… Splendide !

Cette œuvre incroyable vient de traverser plus de cent soixante-dix ans pour finalement rejoindre mes mains et m'émerveiller en papier et en encre.

La pratique du Iaïdo bien entendu, indispensable dans l'exercice de mon quotidien. Elle guide mon esprit pour se fondre dans le geste. J'en garde ses préceptes pour nourrir la moindre de mes actions.

La gastronomie bien entendu! Les sushis évidemment ! mais le souvenir d'un dîner végétalien dans un temple bouddhiste du

Mont Koya-San restera l'expérience culinaire la plus exceptionnelle jamais vécue. Une fois de plus, la richesse de la nudité, du dépouillement, le raffinement ultime de la sobriété, l'élégance et l'harmonie par excellence.

Le thé vert, le sensha plus particulièrement, j'aime m'en faire venir quelques grammes des meilleurs crus de temps en temps. Comme un bon cigare peut-être, il faut avoir le temps, savoir le prendre pour le déguster, se poser, puis se libérer des tensions pour le savourer. C'est toujours une sensation unique, un sentiment purificateur qu'un bol en céramique spécialement dédié à cet effet vient sublimer.

L'architecture du passé, l'aménagement des jardins, le contraste du temps, l'histoire côtoient le contemporain, l'intemporalité est à chaque coin de rue. Les traditions perdurent, avec de plus en plus de difficultés, certes, mais sont à ce jour toujours présentes. J'aime chiner parfois de vieilles antiquités me faisant toucher des doigts toute la délicatesse des arts poussée à son paroxysme. Le stade de la perfection matérielle est dépassé, tout est transcendé dans un art de vivre, un état d'esprit que seul l'impalpable, le non-pensé peut atteindre, exhumer de nos entrailles, de nos corps habituellement si infertiles et habitués à la complaisance.

Une flûte en bambou shakuhachi, une vieille bouilloire en fonte sur son brasero, un casque de samouraï, un moule à gâteaux en bois à l'emblème du svastika qui ferait frémir un non initié ! une petite table basse laquée et incrustée de motifs représentant le temple de Miyajima, un shamisen, la guitare des geishas, des épingles à cheveux, un vieux miroir, autant de traces du passé qu'il me plait de contempler, toucher, pour une fraction de seconde d'évasion.

Mon premier voyage, bien entendu, n'avait fait que déclencher une construction nouvelle dans mon for intérieur. Il avait été le vecteur, le liant de l'imbrication d'une multitude de facettes, qui jusqu'alors comme en suspension, avaient trouvé l'opportunité de s'assembler pour ne former plus qu'un.

L'assemblage de toutes ces facettes a stabilisé puis révélé un gigantesque miroir, celui de mon âme ; il a confirmé beaucoup de mes suppositions, répondu à beaucoup de mes questions, il m'a permis de renforcer ma confiance en ce que je suis et à en assumer sa légitimité, il est la reconnaissance et je m'y suis reconnu ; il me permet aujourd'hui de jouer de ses reflets, et de capter chaque parcelle de lumière que la vie s'accorde à m'offrir.

Ainsi, je peux vivre de l'essentiel, m'affranchir de l'inutile, des autres. Si les évènements m'accablent, l'amour que je porte à ma fille, lui, est inébranlable.

Elle est mon objectif, ma pensée, le sourire inconscient que je surprends au coin de mes lèvres, elle est ma force, ma volonté, l'essence de ma résilience, mon essentiel.

Mais je m'égare… Il faut dire que tout me ramène à elle…

Un second voyage itinérant beaucoup plus long cette fois-ci m'a permis de compléter ce qui s'était édifié précédemment.

Ouvrir mon esprit à ce qui ne me séduisait pas initialement a été le détonateur d'un jaillissement d'intérêts pour tout ; je suis maintenant ouvert à tous les domaines, prête une oreille attentive, un œil intéressé au moindre sujet susceptible de m'apporter un peu plus de connaissances.

J'ai conscience que c'est une grande chance, elle est arrivée un peu tard à mon goût, je le regrette un peu, mais aurait pu ne jamais se présenter du tout, alors je m'en satisfais !

Conclusion

Je ne sais si je dois me sentir heureux ou frustré, les deux sentiments se mêlent à l'achèvement de ce récit.

Il y a des chapitres où j'ai réussi à exprimer ma pensée avec fluidité, puis d'autres qui, après moultes relectures, continuent de me faire grimacer. Je ne souhaite pas cependant altérer le fond du propos en le calculant, je veux rester honnête, alors je me résigne à ce dernier jet, toujours avec l'approbation de mon épouse bien entendu !

Tant d'années à ruminer, tenter de trier, d'organiser ma pensée. J'ai écrit, puis effacé, puis réécrit et effacer encore, j'ai lu mon travail, puis relu et relu encore, je ne sais plus combien de fois, mais il faut à un moment savoir s'arrêter, se contenter à défaut d'être satisfait.

Je ne veux pas me répéter, faire du remplissage, du volume. Il y avait des choses que je voulais dire, d'autres que je souhaitais suggérer puis celles que je voulais transmettre. Je pense avoir atteint mon but et l'heure est venue de conclure. Je souhaite ainsi que ma fille puise, si elle le souhaite, le souvenir, l'expérience, une connaissance, un point de vue, la mémoire de ma vie.

Chacun a le droit d'exister par lui-même, de choisir.

Chacun doit tracer sa voie, doit être libre d'aller où bon lui semble. La carte de l'existence est vaste et les routes plus ou moins longues, larges, y sont nombreuses. Il peut être bon de garder dans ses bagages un guide et de prendre de temps en temps des chemins déjà tracés pour mieux éviter les embûches et progresser plus sereinement. Apprendre de ses erreurs est une source de connaissance très estimable, mais apprendre de celles des autres est encore plus enrichissant, préventif et moins douloureux.

Je termine mon écriture dans un contexte particulier, nous sommes en août 2021, la pandémie de Covid-19 dont la gestion politique prévaut sur la gestion sanitaire, nous pousse dans des extrêmes effrayants, une incertitude de l'avenir.
Nous vivons chez mes parents, qui habitent l'île voisine, nous partageons leur appartement. Nous sommes partis en vacances en juillet 2020 et n'avons pas pu rejoindre notre domicile, réouvrir notre hôtel depuis. Tous les mois, nous versons mille euros pour tenter de maintenir à flot ce qui peut le rester. Byam, notre gardien, nous aide gracieusement en gardant la structure. Depuis ce moi-ci, si la banque ne renouvelle pas sa période de suspension de remboursement de prêt comme elle l'a fait pour l'année précédente, nous allons être obligés de verser deux mille euros supplémentaires tous les mois, ce qui est impossible. La saisie de l'hypothèque et notre faillite professionnelle et personnelle est peut-être proche. Chaque jour en pensant à demain est angoissant, mais nous gardons tout d'abord espoir, puis surtout profitons de ce que chaque jour nous apporte, des opportunités qui s'offrent à nous.
Je ne sais pas si je finirai ma vie avec la tirelire pleine, mais mon sac à dos, quant à lui, sera définitivement plein des bonheurs de la vie.
Notre fille ne se rend compte de rien, elle est scolarisée dans d'excellentes conditions, a accès à une multitude d'activités qu'elle n'aurait pas sur notre île, et puis nous sommes ensembles, j'ai la chance de voir mes parents qui commencent à avoir un grand âge, de pouvoir leur apporter assistance et je suis heureux de la chance qu'ils ont de voir leur petite-fille tous les jours grandir auprès d'eux.
J'ai créé une société de bricolage et peinture qui fonctionne plutôt bien grâce à un ancien client de notre hôtel, c'est un

métier difficile, travailler dans le bâtiment est dur, mais on se bat, en espérant, en attendant que l'orage passe. Si nous survivons, nous aurons peut-être la chance de bien nous en tirer et assurer l'avenir de notre enfant… C'est mon souhait le plus cher.

Aujourd'hui, je me contente de ce que j'ai, mon pouvoir d'achat a réduit comme peau de chagrin mais je m'adapte, je n'ai pas basé mon existence sur l'argent ni le matériel.

Certes, j'ai l'obsession aujourd'hui d'engranger un maximum pour nous sortir de cette situation, mais la priorité va à ma fille et ma femme. Je veux qu'elles soient heureuses le plus possible et je ne les sacrifierai pour rien au monde.

Peut-être un jour retrouverons-nous le confort que nous avions il n'y a encore pas si longtemps, je n'aurai alors pas honte d'en profiter.

Dans nos sociétés modernes, le futur a une existence. Nous bâtissons l'avenir, nous nous marions pour fonder une famille, faisons des crédits dont nous planifions les remboursements, souhaitons acheter une maison, une voiture, organisons, anticipons et faisons des projets, nous souhaitons le meilleur pour nos enfants bien entendu, pouvoir leur offrir les meilleures études, partager des voyages, la vie la plus douce possible, etc.

C'est un mode de vie certes critiquable, qualifiable de superflu où nous gaspillons temps et argent au détriment d'aujourd'hui, de l'instant présent ; victimes d'une société de consommation toujours à la recherche d'une satisfaction de plus en plus exigeante et insatiable.

Mais ce serait un raccourci trop facile que de se satisfaire de cette vision simpliste, trop manichéenne.

Belles paroles, philosophie de l'hypocrisie.

L'ambition est-elle une tare, le visionnaire un sorcier à jeter au bûcher, un pestiféré ?

Sortir des sentiers battus n'est pas toujours perçu d'un très bon oeil, s'élever dans sa classe sociale suscite parfois des jalousies, des rancoeurs, exacerbe les complexes d'infériorité et vous soumet au jugement acerbe de ceux qui ne vous perçoivent plus comme vous êtes, mais comme vous leur apparaissez selon leur propre perception. Pour vivre heureux, vivons cachés !

En ce qui me concerne, la télévision et les plages publicitaires n'ont aucun effet sur mon désir de consommer. Je ne suis pas un gaspilleur et lorsque je fais l'acquisition de quelque chose, j'aime l'idée que je vais le garder et en faire usage longtemps. Je favorise donc le beau, la qualité et y met un prix nécessaire et justifié.

Mais je travaille dur et prends des risques dans ma carrière professionnelle, j'encaisse les coups sans baisser les bras, je reste debout et m'adapte aux situations lorsque cela est nécessaire.

Prendre des risques, faire des choix mesurés au sacrifice du confort présent avec l'objectif d'améliorer le quotidien de ma famille, pérenniser notre avenir et avant tout celui de ma fille est ma motivation première.

Penser au prochain voyage que nous partagerons ensemble, à mes centres d'intérêts, mes plaisirs et envies, ne me semble pas excessif non plus. Dans les situations difficiles, quand on donne de sa personne, que la privation, la frustration se conjuguent au quotidien, il est important, voire essentiel de ne jamais oublier qui et ce que l'on est, de ne jamais faire l'impasse de soi.

Anticiper le futur est un acte du présent, il n'y a pas d'incompatibilité à conjuguer les deux.

J'ai toujours à l'esprit la valeur de tout, une conscience accrue du quotidien et de la richesse du temps qui s'écoule.

Je ne gâche jamais une occasion de profiter.

Beaucoup des portes qui s'ouvrent, ne le feront qu'une seule fois alors il faut savoir s'y engouffrer lorsque c'est possible, en ayant pris le temps de réfléchir aux opportunités, aux risques et conséquences, mais ne pas laisser passer sa chance de vivre.

Mon bonheur réside également et peut-être surtout dans celui de ma fille et de ma femme. Si les portes ne doivent s'ouvrir que pour deux, alors je cède ma place avec bonheur.

Si elles sont heureuses, je peux me contenter du minimum, recroqueviller ma vie, me mettre en veille en attendant de pouvoir me joindre à elles, qu'une troisième porte daigne bien s'ouvrir à mon intention.

Si je devais n'utiliser qu'un seul mot pour définir, résumer ma pensée dans cet ouvrage, ce serait « harmonie ».

Cette notion est universelle, peut se concevoir à l'échelle individuelle ou sociale, elle est incolore, inodore et indolore, sans barrière de langue ou de culture. Elle découle du bon sens commun que nous devrions tous être capable d'observer. Elle combine le respect de soi, de l'autre, de ce qui nous entoure, elle est la conscience, l'humilité, elle est l'unité, l'équilibre des forces, le partage, l'acceptation des différences et en son absence, réside la source de tous les maux.

Elle défie les égos, les caractères, l'intelligence et la stupidité, sa difficulté à la réaliser est à l'égal de sa simplicité.

Elle dépend de la volonté de chacun et il n'en tient qu'à nous d'éveiller notre narcissisme à l'empathie, la bienveillance et la compassion.

La recherche de cet équilibre occupe toutes mes pensées, mes actions, c'est une remise en question permanente, c'est s'excuser d'avoir blesser l'autre, reconnaître ses erreurs, contrebalancer les aléas de la vie.

Toutes les différences composent un bouquet, la feuille n'est rien si elle n'est portée par la branche, elle-même soutenue par le tronc enraciné dans une terre qui se gorge d'eau sous la lumière du soleil.

Etre différent est une légitimité qui ne nécessite ni excuses, ni complexes. C'est un droit de constitution individuel et identitaire. Chacun doit avoir, trouver sa place dans ce monde.

Il faut être à l'écoute des autres, ouvert aux opinions, à la connaissance, ne pas se prévaloir présomptueusement d'un savoir scolaire qui n'a de finalité que de faire valoir la mémoire et non l'intelligence.

Rester discret, humble et disponible, mais ne jamais faire confiance à autre que soi-même. Il faut garder sa faculté de discernement, sa capacité de se forger sa propre opinion, ne pas suivre bêtement celui qui parle le plus fort ou qui brandit le bras le plus haut. Ne pas s'abaisser à la médiocrité et à la volonté de l'autre, garder la pleine possession de son pouvoir décisionnel et ne pas courber l'échine devant le manipulateur, le séducteur. Observer, écouter, analyser et comprendre puis faire son choix, mais ne jamais se trahir, se salir, garder sa dignité, son honneur, être capable de garder la tête haute en toute circonstance, dormir sur ses deux oreilles.

La vie est un cadeau qu'il faut savoir chérir. Ne pas se focaliser sur l'obscurité, rechercher la lumière. C'est souvent difficile et demande de l'effort. C'est parfois même loin d'être évident, sans cesse s'interroger sur la véracité de tout peut être un piège fatal. Il y a des moments où il faut savoir laisser couler, passer, lâcher prise, la vérité ne nous appartient pas et faire de sa recherche une quête permanente peut nous faire rapidement perdre de la justesse. Ne perdons jamais cette image des deux plateaux de la balance qui ne demandent qu'à vaciller d'un côté ou de l'autre. L'harmonie est l'équilibre, il faut rester éveillé, ne pas se laisser submerger par des émotions sans rester vigilant, sans maintenir un cap, quitte à nager à contre-courant.

Aussi difficile puisse être la tâche, la mener à bien apporte la satisfaction du devoir accompli, la sensation de se redresser, d'en ressortir plus grand, la satisfaction de vaincre et de gagner en liberté, puis petit à petit à renforcer sa confiance en soi, la seule qui puisse être considérée comme fiable.

Je suis heureux de mes différences, même si tout n'est pas parfait, heureusement d'ailleurs ! Je suis relativement satisfait de ce que je suis devenu et me réjouis de ce que je peux encore devenir. Il n'y a pas de fin à la plénitude, je ne suis blasé de rien et il y a tellement encore à faire.

Ma fille est mon essentiel auquel se fond mon épouse, je sens l'harmonie opérer entre nous, j'en ressens la sérénité parfois, une paix immense, alors je savoure ces moments d'une richesse absolue et mon coeur sourit. Rien ne peut être plus puissant que cette osmose, cette fusion, l'Harmonie.

Merci à ma femme, merci à ma fille de m'offrir, de me permettre d'accéder à ces instants sublimes, ces moments uniques, ceux que tant ignorent.
Sans elles je ne serais pas devenu ce que je suis et cet ouvrage n'aurait pas eu de raison d'exister.

Recueil

Paroles sans musique

<u>Petit bout</u> (décembre 2013)

Un petit bout de toi,
Bercé dans ton regard au fond de tes bras.

Un petit bout de moi,
Si fragile dans mes mains qui n'osent pas.

Un petit bout de nous,
Si tranquille s'endort au creux du cou.

Si petit bout de choux,
La tendresse de nos lèvres sur tes joues.

Comme ça, comme ça,
La tendresse de nos cœurs rien que pour toi.
Comme ça, chaque fois
Quand tes larmes s'éteignent au son de nos voix.

Comme ça, comme ça,
La joie de tes sourires au fond de moi.
Comme ça, chaque fois,
Quand ta maman s'endort au creux de toi.

Je l'attends (Avril 2004)

Elle attend comme hier que le jour m'accorde une trêve,
Quand s'efface la lumière, la décence reprend ses droits.
Elle m'a dévoué sa vie, mais l'on ne dit pas ces choses là,
Je sais que le jour viendra et qu'en mon heure… Sa délivrance.

Elle s'avance, si lentement,
Je la sens qui s'approche dans un silence assourdissant,
Elle a posé sa main sur mon visage, si doucement,
Le toucher de ses lèvres sur ma peau, à chaque instant,
Je l'attends.

Dîtes-moi si le mensonge ou l'amour épargne mes rêves,
Tout le poids du regret en l'absence de mes choix.
Ma mémoire se souvient d'un autre état, quand j'étais moi,
Il y a des supplices qui n'ont de douleur que la conscience.

Elle s'avance, si lentement,
Je la sens qui s'approche dans un silence assourdissant,
Elle apaise mes peurs dans un sourire attendrissant,
La promesse interdite, les écrits d'un pacte, nos liens de sang,
Je l'entends.

Je partirai sans un bruit, dès que le jour se lève,
La fatigue me pèse, je ne suis plus que l'ombre de moi,
Si je pouvais lui dire mes sentiments pour la dernière fois,
Je n'abuserai pas plus longtemps de mes différences.

Elle s'avance, si lentement,
Je la sens qui s'approche dans un silence assourdissant,
Elle est venue me chercher, j'ai attendu si souvent,
Qui oserait lui refuser sa main, dans un serment,
Je la prends.

<u>Si tu peux</u> (Mai 2002)

Toujours les mêmes gens, les mêmes visages,
Toujours les mêmes mots, mêmes langages,
Cette rengaine insolente qui nous lie par hasard,
Qu'on s'efforce d'écouter quand se perdent nos regards.

Je suis d'accord, ok, c'est sans problème !
Et tant pis pour la forme, si ça vous gêne,
Mais quelle était la question ? C'est comme ça,
Ce sera comme bon me semble, moi, ça me va…

Si jamais demain face à face,
Comme ils disent à chacun sa place,
Regarde-moi bien dans les yeux…
Si tu peux.

Que serais-je sans nous, pas moins pire,
Nos passions, nos envies, nos délires,
Je n'ai pas voulu de vous, si souvent besoin,
Va savoir les pourquoi, pour un rien…

Toujours les mêmes phrases, mêmes silences,
Toujours les mêmes gens, mêmes différences,
Qui bâtissent les combats, mêmes décors,
De qui de vous de moi, aura eu tort ?

Si jamais demain face à face,
Comme ils disent à chacun sa place,
Regarde-moi bien dans les yeux…
Si tu peux.

<u>Sonnet et La mineur</u> (1985)

Il n'y a vent qui ne murmure,
Il n'y a peine qui ne chagrine,
Il n'y a lys vêtu d'épines,
Il n'y a porte s'il n'y a mur.

Il n'y a feu qui ne brule pas,
Il n'y a larme qui n'encourage,
Il n'y a pleur calmant l'orage,
Il n'y a vie qui ne meurt pas.

Mais il y a vous puisqu'il y a moi,
De votre amour je survivrai,
De votre vous dépendra moi.

Comme les étoiles vivent de la nuit,
Sur mon chemin je chercherai,
Peut-être un jour vous le dirai.

<u>Quand se referme la porte</u> (2002)

Et puis se referme la porte,
Sur ces gestes interdits.
Sur ces gens qu'on exhorte,
A payer leurs envies.

Étrangers du mensonge,
Voyageurs de la honte,
De Pattaya à Manille,
Quand se referme la porte.
Quand se referme ses yeux sur ces instants volés,
Indicible dégoût, autant de coup au cœur,
L'innocence abusée,
A chaque fois l'angoisse de ses peurs.

Quand se referme la porte,
Sur ces gestes interdits,
Sur ces plaies qu'on exporte,
Pour le bien d'un pays.

Sous les yeux de leurs pères,
Sans la moindre pudeur,
Le regard haut et fier,
L'impunité n'a pas d'honneur.

Il ne saura jamais que la haine de ses sens,
La contrainte des autres, les visages de ses coups,
Tout le prix du silence,
Que le choix de ses larmes… Et c'est tout.

<u>**Elle**</u> (1992)

J'n'ai pas trouvé les mots pour parler d'elle,
De ses sourires, ses silences, quand ses yeux s'en mêlent,
Que les autres envient un peu plus chaque jour de vivre sa vie,
Comme les rêves un peu fous que l'on fait quand ils ont grandi.

Un jour elle m'a donné ce qu'il me manquait,
Entre sourires et larmes, nos cœurs se sont croisés.
Quand elle me dit je t'aime, l'apocalypse n'y pourrait rien changer,
Que la force des vents ou celle des océans qu'on voit se briser.

Je rêvais d'une vie à partager,
Se changer les hivers, les automnes en été,
Être à deux dans son cœur, partager ses joies, ses envies,
Comme les rêves un peu fous que font les enfants quand ils ont vieilli.

Souvent je repense à ces moments passés,
Ces instants de bonheur,de sérénité.
Bien plus fort aujourd'hui, je ne regretterai jamais de l'avoir aimée ;
Même si un jour je l'oubli, cette chanson l'a écrite pour l'éternité.

<u>Elle sait</u> (2003)

Elle sait le fond des mots,
La vérité quand on lui ment,
Elle sait la lumière sur sa peau,
Toute l'amertume, le goût du temps.

Elle entend vos silences,
Le souffle de nos murmures,
Cette indicible méfiance,
Qu'ont les gens dans l'injure.

Elle a touché vos âmes,
Vous qui ne croyez en rien,
Tout l'amour d'une femme,
Qui ne voit qu'en ses mains.

Elle attend dans la nuit,
Que les ombres s'éteignent,
Que s'effacent les bruits,
Des pitiés qui la plaignent.

Elle rêve nos lassitudes,
Elle espère nos dégoûts,
Envie le commun, l'habitude,
Tous nos crimes qu'elle avoue.

J'ai touché son regard,
Ses doigts sur mon visage,
Elle a vu dans le noir,
L'ignorance des images,
Le prix du quotidien,
De nos yeux, qui… ne voient rien.

<u>**Entre toi et moi**</u> (2003)

A bien y réfléchir, y'a pas dix façons d'aimer,
Je t'ai donné ce que je suis, et toi, ce que tu étais.
Mais qu'importe le temps, on a partagé l'essentiel,
On a vécu l'important, nos vies, seront éternelles.

Sache au moins que je garde au fond de moi,
Tout le bonheur qui survivra,
A ce vide immense,
Même si le temps s'avance,
Entre toi et moi.

Parce que les jours, se hâtent à m'éloigner de toi,
Parce que les images, à chaque seconde, s'échappent de moi.
Parce que les habitudes, reviennent comme autrefois,
J'écris mes larmes, mes silences, ces choses que l'on oublie parfois.

Pardonne-moi mes choix, mes maladresses,
Toutes mes erreurs, toutes mes faiblesses,
Mais je sais d'avance,
Que rien ne trahira la confiance,
Entre toi et moi.

Tous ces mots pour te dire, que rien ne te remplacera,
Que l'on n'y pourra rien changer, à jamais un bout de moi.
Du moindre geste ou regard, le souffle de ta présence,
Mais je n'imaginais pas le mal de ton absence.

Au jour le jour, plus intime de moi,
Là-bas surtout prends soin de toi,
A nos mémoires,
Ce n'est qu'un au revoir, entre toi et moi.

<u>**Conscience accusée**</u> (1995)

Rien qu'une fois, dans sa vie,
Son visage, son regard dans la glace,
Ce n'est pas toujours marrant, je sais,
La honte en face.

Je n'ai pas grand-chose à dire,
Y'a tellement à penser,
C'est plus facile à vivre,
Et moins lourd à porter.

Quand les gens qui agacent, hurleront moins longtemps,
Restera peut-être une place, un coin du firmament.
Plus l'on prend moins l'on donne,
C'est à croire que ce que l'on vend,
A plus d'âme qui résonne, dans la nuit,
Les cris d'un perdant.

Parler pour ne rien dire,
Y'en a trop qui en use,
A nager dans ce délire,
C'est de toi qu'on abuse.

C'est marrant ça m'fait drôle,
De parler de tout ça
J'ai tiré le mauvais rôle,
Et ce n'est pas la première fois.

Finalement c'est comme ça, on a chacun sa place,
Et que ça plaise ou pas, y'a pas d'homme, pas d'homme qu'on remplace.
Plus l'on prend moins l'on donne, faudra pas s'étonner,
Si peu d'âme qui résonne, la conscience,
La conscience accusée.

Il était là (1996)

Il était là, face contre terre,
Devant les autres, devant ses frères,
Il était là comme je vous vois,
Déjà peau noire, a sali poussière.

Petit enfant, regard amer,
A fermer les yeux de son père,
Peut-être clos ceux de sa mère,
Bientôt les siens fermera misère.

Indignation de l'âme,
Contemplation quotidienne,
Regarde un peu couler ces larmes,
Un jour où l'autre elles seront tiennes.

Contamination de la honte,
De celles que l'on regarde sans rien faire,
Parce qu'au fond, la Nature compte,
Quota sournois de fausse guerre.

Contagions de la stupidité,
Bienfaiteurs de l'humanité,
Les pires escrocs de la pauvreté,
Sermons d'aumône sans charité.

Avec leurs yeux de chien battu,
On les croirait presque concernés,
Politicards ou «m'as-tu vu»
Paroles ignares de vérité…
… Il était là

J'avance (1997)

J'avance à en perdre les pistes.
A défier les chemins, contourner les détours,
Braver chaque destin,
A chaque carrefour,
J'irai sans loi plus fort,
Un peu plus égoîste.

J'ai suivi tous les caps, ignoré les plus sages.
Sans boussoles et sans carte, évité les impasses,
Joué des étoiles et du temps,
Du temps qui lasse,
Toujours plus loin, plus haut,
Juste arracher l'avantage.

Mais j'avance, encore, j'avance,
Tant que brillent mes ailes, me porteront les vents, j'avance.

J'ai caressé la lumière pour mieux l'apprivoiser.
Effacé toutes les ombres, balayé mes promesses,
Laissé faner des mains,
Délavé des faiblesses,
Parjuré mes serments,
Aux plus viles vérités.

J'ai perdu les repères à ne jamais me retourner.
Payé cher mes erreurs, cent pour cent de mes torts,
J'ai compris qu'en mes peurs,
M'accuseront les remords,
Inavouable en mes choix,
Condamné mes regrets.

Mais j'avance, encore, j'avance,
Tant que brillent mes ailes, me porteront les vents, j'avance.

L'éponge (2008)

Soyez performant, efficace,
Vendez-vous à 200 cents pour cent.
On vous promettra la meilleure place,
Regardez-moi, soyez confiant.
Resté motivé, consciencieux,
On récompense les ambitieux,
Maxi 35 heures par semaine,
Croyez-moi, vos prétentions seront les miennes.
On vous donnera carte blanche,
Vous serez libre de votre emploi du temps,
Même un portable pour le dimanche,
Le zèle chez nous respire l'argent,
Vous aurez un bureau tout neuf,
Les primes, les heures c'est pas du bluff,
Un vrai contrat après l'essai, signez plus bas, tout sera parfait.
Laissez tomber vos beaux discours,
Vous ne valez pas votre image,
Vos grands sourires à contre-jour,
N'ont de salut que dans l'outrage.
Nous partageons le même navire,
Notre enseigne est prestigieuse,
Vous travaillez pour le plaisir,
Ne comptez pas sur la pointeuse.
Le droit chez moi n'existe pas,
Trop de contraintes pour le patronat,
La lutte n'en vaudrait pas la peine,
Votre démission reste souveraine.
Oubliez les indemnités,
J'ai ponctionné comme une éponge,
J'empoche toutes les liquidités,
Tous les bénéfices du mensonge.
Je sais que je ne suis pas rentable,
Mon incompétence est notable,
Mais la différence entre nous,
C'est que votre vie, moi j'men fout.
Vous parjurez les vérités,
Vos paroles ne sont que mépris,
Parvenu de la médiocrité, marchand de préjudices sans préavis.

<u>Je ne vous ai pas vu</u> (2021)

Combien de fois votre regard a rencontré le mien ?
Mais je ne vous ai pas vu
Nous avons ri, pleuré ensemble, tremblé, parfois pour rien
Mais je ne vous ai pas vu
Combien de fois l'obscurité, tendre complice, nous a unis ?
Mais je ne vous ai pas vu
Vous m'attendez ce soir encore, dans le froid de la nuit
Et ce n'est pas moi qui suis venu
J'étais ailleurs chez moi, au bar ou peut-être entre amis
Et vous, étiez-vous là comme convenu ?
J'imagine votre peine lorsque plus tard, tout se finit
Vous étiez là, mais je ne vous ai pas vu
En l'espace d'un instant, vous avez partagé ma vie
J'étais à l'heure et je ne suis pas venu
Pourquoi vous attacher, guetter mon nom, une entrevue ?
Vous savez que je ne vous ai pas vu

Je ne suis qu'un homme du 7ème art, un saltimbanque du grand écran
Le seul à connaître mon histoire, qui je suis réellement
Je ne suis qu'un comédien qui pleure, conscient de n'être qu'une image
Un rêve de plus dans votre cœur, juste avant que vous ne tourniez la page
Je suis l'acteur d'une séance, le prix d'un succès trop heureux
Tragédie absurde de l'absence, celui qui vous ferait croire en Dieu
La gloire n'est qu'un rideau trop haut, qui finira bien par tomber
Une fois la lumière dans le dos, qui sera là pour me faire danser ?

Vous enviez mes bijoux, chapeaux, costumes de haute couture
Mais il me faudra tout rendre
Vous enviez mes amis, hôtels, soirées, même mes voitures
Un gentleman à s'y méprendre
Je suis de tous ces artifices par lesquels vous m'aimez
- « Je vous aime ! » si ça peut faire vendre
Je noie mon âme dans quelques poudres, pilules, pour un cachet
Ça doit surement vous surprendre
Je ne suis qu'un jouet d'spéculation qu'on mène au bon vouloir
Une marionnette à suspendre
Un accessoire de promotion qui sourit sans y croire

Mais qui est là pour me comprendre ?
J'ai tout donné pour vous mentir, vous bercer d'illusion
Ne reste que mon âme à pendre
Vous décevoir, la honte, j'ai peur de ne plus vous revoir
Serez-vous là, demain, toujours à m'attendre ?

Je ne suis qu'un homme du 7ème art, un saltimbanque du grand écran
Le seul à connaître mon histoire, qui je suis réellement
Ou êtes-vous quand je m'endors, que seule la solitude m'accompagne ?
Quand j'me consume dans mes remords, dans un dernier verre de champagne
Vous fustigez mes frasques, tous mes écarts, mes sautes d'humeur
Dans les vapeurs de ma flasque j'ai déjà passé mon heure
Vous étiez là en avant-première, quand je n'serai plus une star en vue
Où serez-vous pour la dernière ?
Moi… je ne vous ai pas vu.